高校思想政治教育工作教学研究

马勇 著

中国纺织出版社有限公司

图书在版编目(CIP)数据

高校思想政治教育工作教学研究 / 马勇著. -- 北京：
中国纺织出版社有限公司，2023.9
ISBN 978-7-5229-1077-2

Ⅰ.①高… Ⅱ.①马… Ⅲ.①高等学校-思想政治教
育-研究-中国 Ⅳ.①G641

中国国家版本馆 CIP 数据核字(2023)第 193736 号

责任编辑：王 慧 责任校对：高 涵 责任印制：储志伟

中国纺织出版社有限公司出版发行
地址：北京市朝阳区百子湾东里 A407 号楼 邮政编码：100124
销售电话：010 — 67004422 传真：010 — 87155801
http://www.c-textilep.com
中国纺织出版社天猫旗舰店
官方微博 http://weibo.com/2119887771
北京虎彩文化传播有限公司印刷 各地新华书店经销
2023 年 9 月第 1 版第 1 次印刷
开本：787×1092 1/16 印张：9
字数：158 千字 定价：98.00 元

前　言

　　高校是知识创新、传播和应用的基地,是培养创新精神和创新人才的摇篮。思想政治教育工作与教学是高校组织生活的重要组成部分,是培育大学生个人素质和道德修养的重要组成部分。随着互联网技术的快速发展,高校思想政治工作要主动适应新形势、新任务的要求,做好高校思想政治工作与教学建设。

　　本书针对高校思想政治教育工作与教学研究展开,以实事求是的态度和多层次、宽领域的视角对高校思想政治教育与教学工作理论与实践问题进行了探索。本书内容主要包括高校思想政治教育工作理论缘起与价值探究;高校思想政治教育工作"三全育人"模式;高校思想政治教育工作在教学中的具体落实方法;高校思想政治教育工作与教学的实践指导以及高校思想政治教育工作评价的原则与方法。本书紧密联系思想政治教育与教学工作的实践,通过各领域、各部门协同创新实现对高校思想政治教育工作与教学的研究。

　　本书在撰写的过程中参阅了很多专家学者的文献资料,在此表示感谢! 由于作者水平有限,书中难免会有不足之处,恳请广大读者给予批评指正。

作　者

2023 年 5 月

　　2023 年度吉林省教育厅科学研究项目:人类命运共同体的马克思主义哲学意蕴研究(合同号 JJKH20230032SK)

　　吉林省教育科学"十四五"规划 2022 年度重点课题《国家安全观视域下高校文化安全教育研究》(课题批准号:ZD22004)

　　2020 年度北华大学教育教学改革研究课题《慕课背景下高校思政课教育的改革创新研究与实践》(课题编号:XJZD2020062)

　　2021 年度新疆自治区高校思想政治工作创新研究项目《新时代新疆高校思政课落实立德树人根本任务研究》(项目编号:XIGXSZ2021A10)

目　　录

第一章　高校思想政治教育工作理论探究

任何一个伟大理论的产生都不是凭空出现的，而是人们在继承前人优秀思想成果和总结实践经验的基础上创立的。新时代高校思想政治教育工作体系正是在马克思主义科学理论的指导下，汲取中华优秀传统文化中所蕴含的教育理念，继承总结中国共产党百年教育思想和实践经验的基础上淬炼而成的。

第一节　传统思想政治教育历史发展

中华优秀传统文化源远流长、博大精深，是中华民族最深沉的精神追求，也是中华民族生生不息、发展壮大的精神滋养。要以科学的态度对待中华传统文化，大力发扬中华优秀传统文化。新时代高校思想政治教育工作的理论内涵与中华传统文化有着密切的联系，是在借鉴和吸收中华优秀传统文化中教育资源的基础上形成的。

一、先秦时期的思想政治教育

先秦时期生产力水平低下，人们用神灵来解释当时无法理解的自然现象和社会现象，神学成为这一时期统治阶级建立意识形态的基础，由此，以宗教神学为主要形式的中国古代思想政治教育理念逐渐形成。

（一）从"宗教神学"到"礼乐制度"

夏商时期的意识形态教育主要依赖于原始社会中的宗教神学思想，从奴隶主到奴隶都以宗教的世界观来认识和解释世界。统治者们一方面为了使统治更具有说服力和合理性，将原本人们对天与神的崇拜转变为对现实中统治者的崇拜，宣扬神与帝王密不可分，即"受命于天"，以此来稳定民心、巩固统治；另一方面统治者以宗教神学思想来论证政治活动和军事行为，树立帝王威信，打击反对势力，获得更多拥护者，奠定宗教神学在社会意识形态领域中的主导地位。

周朝时期，礼乐制度逐渐代替宗教承担思想政治教化作用。周朝将"礼"与"礼制"置于核心地位，统治者通过礼乐制度对诸侯和民众进行带有政治目的的教化。这种集政治、教育、德育于一体的思想教化形成了尊卑有别、长幼有序的政治格局，保障了统治者的财产和权力，达到礼制为统治体系服务的目的。

（二）百家争鸣的思想繁荣

春秋战国时期是中国古代思想政治教育学说和体系形成的重要时期。随着生产力的提高和社会分工的明确，春秋时期私学发展繁荣，为战国时期的百家争鸣奠定了基础。这一时期，无论是官学还是私塾，讲授者都可以自由选择教学内容，受教者也可以自由选择教师，儒家、墨家、道家、法家等学术流派先后登上了历史舞台，"百家争鸣、百花齐放"的盛况逐渐形成，中国传统思想教育日新月盛。

1. 德行为本的儒家思想

以孔子和孟子为代表的儒家学派认为，一个理想的社会是建立在全体成员都能够实现"德行"的基础上，而统治者在治国治民时必须以自身的德行去影响和教化民众；教育不但能使人学到自然常识，而且能了解社会习俗和人生哲理，使其做到仁、义、礼、智、信，从而实现社会稳定。孔子提倡"有教无类"，即求教者不论民族与国别，不分贫富与贵贱，不论智愚与善恶，不分种族与出身，只要诚心求教，都应当给予教导，都有接受教育的权利和机会。这打破了之前奴隶主和贵族对教育的垄断，让平民获得受教育的机会，提升了教育的普及性。

2. 德智并重的墨家思想

墨家学说在战国时期与儒学一起被称为显学，主要教育思想来源于《墨子》。墨家认为，教育具有同化的作用，墨家宣扬"兼爱""非攻"的道德教育，以实现他们救世济民的政治主张。墨子认为教育的目的是培养"兼士"，即"厚乎德行""辩乎言谈""博乎道术"，强调教育培养人才要德智并重、全面发展，这与当代教育注重学生全面发展形成接续。墨子肯定教育的社会教化功能，他认为培养拥有学问和良好品质的人，发挥教育的社会改造功能，才能更好地凝聚社会力量，稳定国家，进而实现"救世"的社会理想。

3. 唯道是从的道家思想

道家思想认为"绝学无忧"，应按照自然规律施教，"唯道是从"。道家思想的基础是人性本善，老子认为人的最佳状态是婴儿状态，随着人的成长，本性发生变化，会为了利益而做出与德行不符的事情。老子提倡以"言不行不教"的教育方式，通过教育实现"复归于婴儿"，认为教育者在施教过程中要顺应自然规律，不强制灌输，不过多教训，尊重受教育者的发展规律，实现"自然无为"的境界。

4. 以法育人的法家思想

法家认为让民众遵纪守法，实现国家长治久安，就要"专制国虽或偶得英明神武之主，行开明专制，国运骤进，然不能以此自安，以其不能常也。法治国虽进不必骤，而得寸进尺、计日程功。两者比较，惟法治可以为安也"（梁启超《中国法理学发达史论》）。法家提倡要有针对性地培养"智术之士""耿介之士"和"能法之士"，即培养有智谋之人、正直之人以及懂法并坚决实行法治之人，并主张"宰相必起于州部，猛将必发于卒伍"。法家教育的主要目的就是富国强兵，因此教育内容分为农战、法治和术势三个方面。其中法治可以强兵富国，还可为世人明确是非标准，以确保各项政策得到有效施行。

二、秦汉到唐宋时期的思想政治教育

秦汉至唐宋时期是我国封建社会形成和发展的重要阶段，在这一期间，统治阶级以国家法令和学校教育规范人们的言谈举止，采取广施教化、安抚民心的"怀柔"政策，加强思想专制，维护集权统治。

（一）从"焚书坑儒"到"独尊儒术"

秦始皇一统六国后，加强了法制教育，提倡"以法为教"和"以吏为师"。为排除其他思想对法制思想的影响，秦始皇在宰相李斯的谏言下废除了民间私学，李斯上书曰："古者天下散乱，莫能相一，是以诸侯并作，语皆道古以害今，饰虚言以乱实，人善其所私学，以非上所建立。今陛下并有天下，别白黑而定一尊；而私学乃相与非法教之制，闻令下，即各以其私学议之，入则心非，出则巷议，非主以为名，异趣以为高，率群下以造谤。如此不禁，则主势降乎上，党与成乎下。禁之便。"（《史记·李斯列传》）上述谏言促使秦始皇下令实行了历史上著名的"焚书坑儒"。大秦王朝在严刑峻法中失去民心，最终走向灭亡。

汉代初年，统治者大力推行黄老之学，奉行清静无为、休养生息的治国原则，儒学在宽松的政治背景下再次兴起。董仲舒建议汉武帝"罢黜百家，独尊儒术"，曾曰："《春秋》大一统者，天地之常经，古今之通谊也。今师异道，人异论，百家殊方，指意不同，是以上亡以持一统，法制数变，下不知所守。臣愚以为诸不在六艺之科孔子之术者，皆绝其道，勿使并进。邪辟之说灭息，然后统纪可一而法度可明，民知所从矣。"（《汉书·董仲舒传》）汉武帝接受了董仲舒的建议，将儒学正式立为官学，设置五经博士，向民众传授儒家思想，书生们读经尊儒蔚然成风。儒家思想将道德教育与政治教育融合，将尊君与维稳融合，符合当时封建王朝统治发展的要求。至此，儒学成为汉代的思想基础。

（二）兼收并蓄的文化政策

唐代，在兼收并蓄的文化政策下，道家、佛教、儒家三教为争取意识形态领域的主导地位，不断发生碰撞，在排斥和渗透过程中得以发展。道教在唐代走向了巅峰，道教"君权神授"的思想为巩固李唐王朝作出了巨大贡献；佛教作为外来传入的教派，借鉴了儒家的忠孝观和宗法思想，形成了中国的佛教思想，佛教的孝道思想、忠君思想以及戒律仪轨都对民众的观念产生了重大影响，成为当时宗法伦理纲常的重要补充；儒家思想由唐初的衰微到唐中后期的不断复兴，将天地、伦理、礼法、仁义等都纳入其中，构建了一个完整的思想政治教育体系，论证了君主制度的合理性和绝对性。"天道自然论"取代"天人感应论"成为儒学思想的主要内容之一，崇儒尊君的道统论思想为维护封建伦理纲常和中央集权提供了有力支持。

（三）三教合一的教育思想

宋代时期继续将儒学作为治国的指导思想，同时又推崇佛教和道教，由此形成"三教合一"的思想教育现象。宋代的教育制度基本沿用唐朝，官学有中央官学和地方官学两种。科举制在很大程度上宣扬了儒学的伦理思想，科举科目主要有诗赋、帖经、墨义等。这一时期，儒家思想中的政治法治思想得以强化，一方面提倡统治者施行"仁政"恩泽百姓，另一方面提倡统治者要重视刑法的作用，通过威慑民众以巩固统治。由此，宋代一度形成了"夜不闭户，路不拾遗"的社会风气。

三、元、明、清时期的思想政治教育

元、明、清时期，由朱熹批注的《四书》成为当时官方规定的科举考试教材，程朱理学得到了统治者的肯定，儒学正统思想不断加强。自元代起，中央在全国范围内设置社学，向学生讲授《四书》及封建礼仪，规范民众行为。由于统治阶层中有少数民族也有汉族，为巩固统治地位，元、明、清时期的思想政治教育得到了空前强化。

（一）多元文化下的思想政治教育

元代大一统的政治背景和自由兼容的社会环境使经济不断得到恢复和发展，对外贸易盛极一时。元代用武力从根本上动摇了儒学的独尊地位，通过各民族文化兼收并蓄、博采众长来维护和巩固自己的统治地位。首先，承认以程朱理学为内容的儒家思想，但又没有继续独尊儒学；其次，重视伊斯兰教和藏传佛教，设置宣政院，"释教僧徒及吐蕃之境而隶治之"，以便安抚回族，制约汉族，有效控制西藏和青海；最后，大力扶持北方的全真道教和南方的天师道教，并对其他宗教，如基督教和犹太教，都采取开放的政策。多民族文化和外来民族文化使蒙古族统治者对中原原有的汉族正统思想文化产生了冲击，使得意识形态格局由以往的一元化主导变为多元化主导。

（二）文化专制与"异端"思想并存

明代初期为巩固政权，建立了一套较为全面的思想政治教育体系。首先，建立起由国子监、观学、社学和书院组成的思想政治教育场所，大力推行文化政策。其次，将儒家学说视为教育必修课，科举考试以程朱理学为标准。最后，明成祖朱棣亲自主持编纂《五经大全》《四书大全》和《性理大全》。明朝中期，官吏腐败，民间起义频发，社会矛盾激化，此时陆王心学逐渐取代程朱理学获得了统治者的认可，成为当时社会的主流思潮。明代重视法律教育，各级各类学校都将律诰设置成必修课程，号召全国上下熟读《大诰》，鼓励民众主动学习法律，是中国古代规模最大、最有成效的全民法律教育时期之一，对巩固统治和维护社会稳定都起到重要作用。

清代自给自足的小农经济仍旧占据主导地位的同时，资本主义开始萌芽，反对封建主义的声音渐渐出现。清政府沿袭了明代学校教育管理制度，用官学和私学互补的方式，在全国范围内加强思想教育。首先，将礼仪祭祀提升到一个新的高度，通过祭祖、祭孔规范人们的道德行为，褒扬忠孝节义；其次，通过修《明史》，从政治和历史角度阐明清代统治的合理性和合法性，通过修订《大清律》，加强对民众的法律教育活动；最后，灌输"经世致用"的思想，鼓励学子们受到儒学教育之后学以致用，为封建统治服务。

四、传统思想政治教育总览

中国传统文化中蕴含着丰富的思想政治教育内涵，特别是先秦时期的思想家、政治家，其政治理念对当代思想政治教育工作仍然有重要的启示作用。新儒家学者杜维明先生曾说："全球化是世界发展的趋势，但是目前又出现了地域化的发展趋势，两者之间存在着普遍性与特殊性的矛盾，而这些矛盾都可以从儒家学派的观点中得到启示。"[1] 博大精深的中国传统文化是开展思想政治教育工作取之不尽、用之不竭的丰富宝藏。

（一）传统思想政治教育的目标

中国传统社会，学者对人格境界、社会理想和和合氛围等目标的追求，为我们今天的思想政治教育提供了启示。首先是人格境界。"君子"人格是孔子所倡导的能够承担历史使命的理想人格，儒家将君子定义为具有高尚道德情操的人。《孔子家语·五仪解》中解释道："所谓君子者，言必忠信而心不怨，仁义在身而色无伐，思虑通明而辞不专，笃行

---

[1] 杜维明. 东亚价值与多元现代性 [M]. 北京：中国社会科学出版社，2001：2.

信道，自强不息，油然若将可越而终不及者，此则君子也。"❶ 除了君子，"士"也是古人的人格追求。孔子曰："士志于道，而耻恶衣恶食者，未足与议也。"❷ 孟子曰："志士不忘在沟壑，勇士不忘丧其元。"（《孟子·滕文公下》）其次是社会理想。《礼记·礼运》中记载："大道之行也，天下为公，选贤与能，讲信修睦。故人不独亲其亲，不独子其子，使老有所终，壮有所用，幼有所长，矜寡孤独废疾者皆有所养，男有分，女有归。货恶其弃于地也，不必藏于己；力恶其不出于身也，不必为己。是故谋闭而不兴，盗窃乱贼而不作，故外户而不闭，是谓大同。"❸ 这段描述体现了古人在大同理想之下，大我与小我的关系。最后是和合氛围。"和合"表达了人与人之间或人与社会之间的关系。孔子强调："君子和而不同，小人同而不和。"（《论语·子路篇》）❹ 人与人之间互相补充、互相扶济，以实现和谐为目的。墨子认为"兼相爱、交相利"，"和合"是处理好人际社会关系的基本法则。在《荀子·天论》中"天人合一"所表达的是人由天地生成，应在遵从自然规律的基础上，改造自然，与自然和谐相处的含义。

（二）传统思想政治教育的内容

古代思想政治工作的内容，包括政治教育、道德教育、人格教育等。刑礼观是对政治教育的深刻阐释，伦常观是道德教育的最早溯源，而知行观则是人格教育的重要思源。首先是刑礼观。"刑"和"礼"是古代两种治国理政的方式，重"刑"而"法治"，重"礼"而"德治"。孔子主张"为政以德"，管子认为"法者，天下之仪也"（《管子·禁藏》）❺。其次是伦常观。在封建社会的伦理道德规范中，"三纲五常"和"四维八德"有着广泛而深远的影响。"三纲"指的是君为臣纲、父为子纲、夫为妻纲；"五常"指的是仁、义、礼、智、信。从现代文明的视角来看，"三纲"不可取而"五常"不可丢。"四维"即礼、义、廉、耻，最早由春秋时期管仲提出，他认为"四维"是一种自我约束，其效力远远胜于法治约束。"八德"即忠、孝、仁、爱、信、义、和、平。古代伦常观念有的需要我们摒弃，有的经过重新阐释之后在今天的思想政治教育中仍具有重要的借鉴价

---

❶ 于福存. 略论孔子思想中的君子及其人格修养 [J]. 齐鲁学刊, 1999 (4)：51 - 53.
❷ 王国轩, 张燕婴, 蓝旭, 等. 四书 [M]. 北京：中华书局, 2010：14.
❸ 余立国. 大同梦想与小康社会 [J]. 学习月刊, 2015 (5)：52 - 53.
❹ 高海水. 先秦儒家人格教育思想及现代价值 [D]. 长春：东北师范大学, 2014.
❺ 张立文. 管子道德和合新释 [J]. 社会科学战线, 2010 (2)：6 - 18.

值。最后是知行观。《论语·季氏篇》中记载，"生而知之者，上也；学而知之者，次也；困而学之，又其次也；困而不学，民斯为下矣"，将知行观渗透于教育之中。朱熹认为，"知"对"行"有指导作用，"行"是验证"知"的依据。王阳明提出"知行合一"和"致良知"的思想。他认为，"知是心之本体，心自然会知，见父自然知孝，见兄自然知弟，见孺子入井自然知恻隐，此便是良知，不假外求"（《传习录》）。❶ 明末清初，王夫之提出的"知非先，行非后，行有余力而求知"❷，将知与行、理论与实践的关系进一步发展，代表了中国传统知行论思想的最高境界。

（三）传统思想政治教育的原则

思想政治教育工作是一项系统工程，与环境、对象、时机等方面因素都有千丝万缕的关联。中国古代人才培养的原则，为今天思想政治工作的开展提供了依据。首先是"顺势而为"。古人注重"势"的作用："天下，势而已矣。势，轻重也，极重不可反。识其重而亟反之，可也。反之，力也。识不早，力不易也。力而不竞，天也；不识不力，人也。天乎？人也，何尤！"（《通书·势第二十七章》）❸ 其次是"因材施教"。孔子是最早在教学中提出"因材施教"的教育家，对弟子"听其言，观其行"的教育方法值得后人借鉴。孟子在孔子教育思想的基础上提出："君子之所以教者五：有如时雨化之者；有成德者；有达财（材）者；有答问者；有私淑艾者。此五者，君子之所以教也。"❹ 强调要根据学生自身不同的特点制订不同的教育方案。最后是"循序渐进"。思想教育要遵循规律、由浅入深才能达到目的，欲速则不达。孔子曾提出"循循善诱"的教育理念。荀子云："积土成山，风雨兴焉；积水成渊，蛟龙生焉。"思想教育就是"积土"以至于"成山"，"积水"以至于"成渊"，以兴"风雨"生"蛟龙"的过程。

传统教育思想从目标、内容和原则等方面为当代思想政治教育工作提供了源源不断的启示，滋养思想政治教育工作不断发展进步。传统教育思想与当代思想政治教育工作是"古为今用"的融合关系，在思想政治教育工作中，我们要通过灵活多样的方式继承和发扬传统教育思想，批判和摒弃传统教育中的封建因素，取其精华，去其糟粕，发挥传统教

❶ 温克勤. 略论王阳明的道德本体论和工夫论 [J]. 理论与现代化, 2009 (3): 79 – 84.
❷ 王夫之. 尚书引义说命中二 [M]. 北京：中华书局, 2009: 144.
❸ 周可真. 中国传统国家治理思想的三种基本类型 [J]. 哲学动态, 2015 (1): 26 – 35.
❹ 张彦修. 孟子的实践哲学及其特征 [J]. 史学月刊, 2007 (8): 17 – 21.

育的思想政治教育功能。

第二节　马克思主义经典作家关于思想政治教育的阐述

马克思主义经典作家关于思想政治教育工作的相关阐述，是中国共产党思想政治教育工作的重要来源。马克思、恩格斯思想政治教育观为当代思想政治教育工作理论的形成奠定了坚实基础。

马克思深入分析了西方传统人本主义，超越了黑格尔的思辨人学理论，批判地继承了费尔巴哈的人本主义思想，最终形成了其人学思想。马克思的人学思想内涵丰富，具有科学性和时代性，贯穿于马克思主义哲学体系，对新时代我国高校开展思想政治教育工作具有重要的指导意义。

一、马克思人学思想的理论基础

人学思想的基础是"现实的人"，即社会中参与生产生活劳动的人。马克思在对人的本质进行追问时突破了以往哲学家狭隘的观点，对"现实的人"重新进行了阐释。马克思认为，人的现实性来源于他所处的物质生活条件。"当人开始生产自己的生活资料的时候……人本身就开始把自己和动物区别开来。"❶马克思在《德意志意识形态》中运用抽象的物质生产概念来解释人，劳动将人与动物区分开来，证明了人具有劳动的能力，同时劳动还给人的活动赋予了价值，即劳动是人类活动的先决条件。人所处的劳动生产的历史阶段决定了人的个性以及人与人之间的差异性，因此人也成了具体的、历史的人。马克思在对政治经济学进行研究之后，发现人的日常社会活动和物质生产生活条件决定了现实的人的发展和生存状况，进而理解人的现实性，分析历史发展状况，揭示资本主义制度使人产生异化，并科学地预测了未来社会的出发点是所有人自由全面地发展。恩格斯也曾指出历史唯物主义是"关于现实的人及其发展的科学"❷。由此可见，马克思以"现实的人"

---

❶ 马克思恩格斯选集：第1卷 [M]. 北京：人民出版社，1995：67.
❷ 马克思恩格斯选集：第4卷 [M]. 北京：人民出版社，1995：241.

和参与物质生产的人为依托，思考人的本质和社会发展的动力，建立起了具有重要意义的人学体系。

马克思在《哲学的贫困》中用"剧中人"和"剧作人"理论将"现实的人"的具体内涵进行了详细的解释。"剧中人"指的是处于一定历史情景中的人，要探究"现实的人"，必须从其所处的历史时代出发，理解这一时代的生产力发展水平、劳动方式和生产资料的使用情况以及个人的需求。而"剧作人"指的是一定历史背景下人的对象性活动对历史发展进程的影响和促进，突出的是人的主观能动性和自主创造性。马克思和恩格斯认为，不同的历史阶段有不同的生产逻辑及其表现形式，要想研究人，就必须从他所处历史时期的生产生活方式入手。"剧中人"和"剧作人"是对传统的主客二元对立理论的超越，人与社会具有同构性，一定历史发展阶段的生产力水平决定了这一阶段的人们的交换方式，也决定了这一阶段的社会形态、社会制度和家庭状况。一定历史阶段给予人生存空间，从而产生了人与人的关系、人与社会的关系，人在这一过程中不断扬弃、不断得到更高层面的变革发展。

二、马克思人学思想的主要内容

人的需要，不仅是人类满足自身和社会的一种需求，而且是人类追求更高更好发展的动力，能促进个人和社会向更高层次发展。自然需求作为最基本的需求层级，是维持个人日常生活最强烈的需要，只有满足了人的最低层次的需要，才有可能激发个人产生更高层次的需要。自然需要不仅是一种需要，也是一种手段，人的需要随着社会的进步不断改变和发展。人在社会交往中产生的社会需要，是新的需要，比自然需要更为广泛复杂。自然需要和社会需要凸显了人的存在价值，真正实现了"自然人"和"社会人"的有机结合。随着个体的不断发展成长，又产生了提升自我推动社会发展的需要，个体就要在社会实践中不断完善自我，满足社会需要，激发积极性，不断认识世界、改造世界，为人类社会发展提供动力源泉。

人学思想的主体价值也就是人的价值，"人的价值比一般价值问题复杂，因为人存在双重价值的问题"❶，即创造个人价值和创造社会价值。创造个人价值是主体在客体中实

---

❶ 王静. 马克思人的价值思想探析［D］. 乌鲁木齐：新疆大学，2007.

现自我的过程。社会价值探讨人的存在意义和目的，是人的内在价值的体现。个人价值离不开社会实践，也离不开人与人之间社会交往产生的社会关系。个体要将个人价值与社会价值统一于生产生活学习中，不仅追求个人利益，而且要懂得奉献，从社会集体利益出发满足社会需求，促进社会进步。只有当个体不断提高自己，为社会做贡献，才能实现真正的个人利益服从集体利益；只有当个体心系社会、服务大众，才能凸显自己的能力和水平，在实现个人价值的同时实现社会价值。

三、马克思人学思想的最终目标

人的自由而全面发展是马克思人学思想的最终目标。每一个人自由而全面发展是其他人自由发展的前提。人既是"自然人"也是"社会人"，马克思人学思想的目标不仅是个体的自由全面发展，还指全人类得到自由全面发展。

人的个性解放意味着人作为社会的主体，在消灭了旧的社会生存环境后获得自主的发展。马克思所指的人的解放不只是劳动和社会层面的解放，而且是关于每一个独立的个人作为主体的解放。在不同的社会状态下，个体性的形成受生理、心理以及社会等多方面因素的影响。在人类社会发展的早期，受自然条件的限制，人们为了生存结成以血缘关系为纽带的生存共同体，无力关心其他，更谈不上人的个性发展；封建社会，家庭单位出现，家庭成员可以自由安排生活和劳动，但在封建专制制度下，人的行为受到约束，人的个性自由仍受束缚；资本主义社会，生产力水平提高，人的个性自由在商品经济条件下得以彰显，从物质层面到精神层面，人都有了独立性和自主性，但是在商品经济中，资本家和工人都受资本支配，成为资本的奴隶，人要想获得个性自由必须借助资本，从而成为资本的附属品；到了共产主义社会，人的社会交往变得更加自主化，人的社会关系也更加自主化，人能够不受束缚地自主发展，每个个体得以自由发展，进而一切人的自由发展才能得以实现。因此，随着人类社会的发展进步，教育的终极目标也必将实现。

第二章　高校思想政治教育工作的理论价值

新时代高校思想政治教育工作体系立足立德树人的根本目标，论述了高校思想政治教育的育人使命、育人目标和育人途径等重要内容，深刻回答了"为谁培养人、培养什么人、怎样培养人"这一教育的根本问题。新时代高校思想政治教育工作体系作为习近平新时代中国特色社会主义思想的重要组成部分，坚持和巩固了马克思主义指导地位，并在准确把握新时代高校发展目标的基础上，丰富完善了思想政治教育工作的理论和内容，创新了思想政治教育工作的方式方法，具有符合当代中国国情的现实指导意义和开创高校思想政治教育的理论发展意义。

第一节　坚持巩固马克思主义的指导地位

从一百多年前一群新青年高举马克思主义思想火炬，到新时代中国特色社会主义取得伟大成就，马克思主义始终是颠扑不破的真理，指引着中国共产党带领中国人民进行伟大斗争，使中华民族走在伟大复兴的光明征途上。中国共产党一百多年来创造的光辉成就归根结底在于马克思主义的科学理论指导。因此，马克思主义作为我们党的指导思想是历史的选择、人民的选择、时代的选择，始终坚持以马克思主义为指导，是贯彻党的教育方针、培养社会主义建设者和接班人的必然要求。高校思想政治教育工作体系坚持了马克思主义历史唯物主义，贯彻了人的自由全面发展观，创新了马克思主义青年教育观，使马克思主义指导地位贯穿思想政治教育工作这一"铸魂"工作体系，确保了马克思主义在高校意识形态领域指导地位的根本制度得到全面落实，确保高等教育始终沿着社会主义方向阔步前进、蓬勃发展。

一、坚持历史唯物主义

我们只有坚持历史唯物主义，才能不断把对中国特色社会主义规律的认识提高到新的水平，不断开辟当代中国马克思主义发展新境界。在新时代高校思想政治教育工作的重要论述中，历史唯物主义的观点贯穿始终，无论是宏观层面的工作目标、工作原则，还是微观层面的具体工作方法，都始终坚持马克思主义群众史观和教育本质论，使高校思想政治教育工作服务于中国特色社会主义大学的办学宗旨，把青年大学生培养成合格的社会主义建设者和接班人。

历史唯物主义最基本的原理是对人民群众历史主体地位的肯定。"无论历史的结局如何，人们总是通过每一个人追求他自己的、自觉预期的目的来创造他们的历史。"[1] 历史上的马克思主义者，正是站在社会存在决定社会意识的理论基点上，深入工人阶级内部，投身工人运动，充分了解工人的疾苦和诉求，真切感受到工人阶级中蕴藏着要求改变旧世界的激情和力量，自觉站在工人阶级的角度思考问题，把以工人阶级为代表的人民群众放在至高无上的地位，认为人民是社会物质财富和精神财富的创造者，认为"人民，只有人民，才是创造世界历史的动力"[2]。与此同时，马克思主义者明确回答了"什么样的人是人民群众"这一重要问题，即能够对社会历史发展起推动作用的社会群体就是人民群众。所谓对社会历史发展起推动作用，就是这个社会群体能够代表先进生产力的发展要求，有利于推动社会生产力的发展，从而推动生产关系、经济基础和上层建筑的正向变革。在这里，人民群众的力量能在不同程度上推动社会基本矛盾运动，也正是在这个意义上，人民群众是社会变革的决定力量，尽管这种社会变革作用的发挥会受到各种社会条件的制约，但也无法改变在任何时代人民群众是社会革命和改革主力军的历史事实。

马克思主义群众观充分肯定了人民群众的历史主体地位和决定作用，为马克思主义者

[1] 马克思恩格斯选集：第4卷 [M]. 北京：人民出版社，2009：302.
[2] 毛泽东选集：第3卷 [M]. 北京：人民出版社，1991：1031.

在改造世界的社会实践中确立人民主体地位提供了充足的理论指导。中国共产党自成立之日起，团结带领中国人民进行的奋斗、牺牲和创造，是对"为人民服务"这一马克思主义历史观基本原理的切实践行。新时代高校思想政治教育工作体系，坚持以人民为中心的价值导向，以更好地满足人民群众需求为出发点和立足点，不仅强调高校思想政治教育工作的核心是立德树人，而且指出要办人民满意的大学；不仅对高校教师提出更高要求，而且要求在校大学生做有理想、有本领、有担当的时代新人。在中国共产党的领导下，高校教育工作者在具体工作中始终践行以人民为中心的价值导向，把人民对更好的教育的向往作为奋斗目标，推动高校思想政治教育工作体系在新时代做出不负人民的重大成就。

二、继承马克思主义教育本质论

马克思主义教育本质论鲜明地体现在教育的社会性质与人的全面发展两个方面。仅就马克思、恩格斯经典原著来看，教育本质论的内涵渗透在马克思、恩格斯对哲学、经济社会等问题的理论论证和实践考察中。随着马克思主义在中国的发展壮大，高校思想政治教育工作体系对马克思主义教育本质论不断继承、发展和弘扬。

（一）提升教育的社会功能

教育的社会功能是指教育在推动社会发展过程中所产生的实际功用。马克思主义认为，教育的社会功能来自由生产力所决定的生产关系及其总和对教育性质的规定。作为一种社会现象，教育的产生、发展与任何一个社会所处的社会发展阶段及其性质形态密不可分。奴隶社会的教育是为奴隶主阶级服务的，封建社会的教育是为封建地主阶级服务的，资本主义社会的教育是为资产阶级服务的。因而，教育从其产生的社会根源来说就打上了社会的烙印，教育的社会性与其阶级性密不可分。而教育作为文化当中的组成部分，也能够通过教育实践活动对政治和经济产生一定影响。

新时代高校思想政治教育工作明确了教育要为人民服务。人民群众不仅创造了社会物质财富，更创造了精神财富，教育实践同样来自人民群众的创新创造。因而，高校思想政治教育工作要始终坚持以人民为中心的价值导向，办好人民满意的教育。教育要为中国共产党治国理政服务，中国共产党的领导是中国特色社会主义最本质的特征，是中国特色社会主义制度的最大优势。高校思想政治教育要始终坚持中国共产党的领导，在党的坚强领导下办好教育事业。教育要为巩固和发展中国特色社会主义制度服务，无论是高校思想政治教育工作的育人目标、发展路径，还是教育体系的构成、教育活动的开展，都是在中国特色社会主义制度规定下进行的。相应地，教育发展过程就要为完善和发展中国特色社会主义制度服务。教育为改革开放和社会主义现代化建设服务，改革开放和社会主义现代化建设是高校思想政治教育工作的时空境遇，在不断深化改革开放和进行社会主义现代化建设的实践中，高校要培养出具有创新创造精神的改革先锋，培养出具有奋斗意识和奉献精神的、勇于投身社会主义现代化强国事业建设的青年人才。

在新时代高校思想政治教育发挥宏观社会功能的背景下，高校通过与经济社会生活深度融合，作用于个体社会属性的健全过程，发挥对于微观个体的社会功能。一方面，教育通过对经济和政治的反作用，推动社会生产力的发展，促进社会整体进步，为新时代个体实现自身发展创造出更多的社会机遇。个体发展受到社会客观条件的制约，社会发展是个体发展的基础和条件，社会发展决定着个体能够在哪种程度上实现哪种范围内的发展。当教育推动整个社会进步发展之时，也为个体实现自我价值和人生理想提供了更多可能。另一方面，个体通过丰富多彩的教育活动提高社会认知度，扩展自己的社会属性。个体自然生命成为社会生命的过程就是个体接受教育熏陶的过程，在教育中，个体主动构建与他人的社会关系，逐渐形成以个体为中心的社会关系网络，不同属性的社会关系网络从不同层面和不同角度丰富着个体的社会性；在教育中，个体通过对教育内容的内化和实践，通过教育过程的培养成为有礼仪教养、懂得文化传承、学会规划人生的社会性个体；在教育中，个体经历着自己的教育生命，不仅加深着个体对自我社会属性的认知和感受，而且个体也成为他人"历史"的见证者，深化了个体对他人社会属性的感知，搭建起个体更为复杂的社会认知，是对个体社会属性的多维度完善。

（二）创新人的自由全面发展观

"代替那存在着阶级和阶级对立的资产阶级旧社会的，将是这样一个联合体，在那里，每个人的自由发展是一切人的自由发展的条件。"❶ 一百多年前，马克思、恩格斯在《共产党宣言》中表明了无产阶级的奋斗目标就是要建立一个物质财富极为丰富、人民精神境

---

❶ 共产党宣言 [M]. 北京：人民出版社，2018：51.

界极大提高、每个人自由而全面发展的社会。而促进人的全面发展与对人进行教育密不可分，通过教育实践活动，每个人才能够成为社会意义上的真正现实的人，也才有机会使教育中得到的学习能力能够扩展自己各方面的才能，从而成为自由全面发展的人。特别是在不同层次和不同类型的教育中，每个人有着各自不同的要求，对于每一个具体的教育对象来说，需要根据每个个体的特点去因材施教，进而促进教育对象自由全面发展。

1. 人的自由全面发展观

在马克思关于人的发展语境中，人的自由全面发展，是人摆脱了对人的依赖关系、对物的依赖关系，在共产主义社会这一真正共同体中实现的每个人的自由全面发展。这一观点来自马克思对资本主义社会中无产阶级片面发展状态的深切感悟。深入剖析人的自由全面发展观可以发现，首先，人的自由全面发展建立在"现实的""具体的"人之上，而并非抽象的人。1845 年春天，马克思在布鲁塞尔写成了《关于费尔巴哈的提纲》，以这篇文章批判旧唯物主义忽视人的主观能动性和唯心主义夸大人的主观能动性的缺陷，他指出："人的本质不是单个人所固有的抽象物，在其现实性上，它是一切社会关系的总和。"这一论断在人类历史上第一次科学地说明了人的本质问题。必须承认，人的本质内含着人和动物共同具有的自然属性。但与此同时，人的根本性质在于形成劳动实践中的现实的社会关系，如经济关系、政治关系、文化关系、家庭关系等。因此，社会属性才是人的根本属性。人的自然属性又区别于动物的自然属性，人的自然属性在历史的发展过程中，深深地打上了社会的烙印，已经是社会化了的自然属性。基于社会属性的人的本质不会改变，但人本质的具体表现形式会随着社会历史的发展而发展，随着社会生产力和生产关系的矛盾运动的变化而变化。所以，人是现实的、历史的、具体的，而不是抽象的。其次，人的自由全面发展是人的自由发展和人的全面发展的有机统一。人的自由发展是指在"自由人的联合体"即共产主义社会中，人能够自己决定是否进行脑力劳动实践和体力劳动实践，不受任何外力的制约和限制，强调人是否自主自愿参与劳动实践的过程；人的全面发展是指人的各方面能力协调发展，且这种协调发展状态会随着社会实践的发展呈现出动态变化的特征。立足唯物史观，现实的人在历史发展着的劳动实践中不断克服外力限制才能实现人的自由的、全面的发展。最后，人的自由全面发展是理论与实践的高度统一。人的自由全面发展观是运用唯物史观方法剖析具体时代所得出的指向未来共产主义社会的科学结论，这一观点也是马克思对资本主义制度下异化劳动的批判所得出的实践结论。在社会发展进程中，人的自由全面发展的理论研究日益充实，实践范围逐渐扩大，每个现实的人都能够通过具体的劳动实践获得全面发展。

2. 自由全面发展观的新时代意蕴

人的自由全面发展观以"现实的人"为历史起点，通过劳动实践推动社会发展和人的发展。实现人的自由全面发展是对共产主义社会中人的存在状态的美好憧憬，是立足当下现实奋斗的不竭动力。基于当前社会主要矛盾，新时代高校思想政治教育工作体系以在教育领域实现人的自由全面发展为目标，从教育目标、教育方法等不同维度入手，把人的自由全面发展的理论思想和实践要求贯穿始终，体现出新时代高校思想政治教育工作的新发展趋势。

新时代高校思想政治教育工作体系对人的自由全面发展的深刻践行体现在"高校立身之本在于立德树人"[1]，立德树人是高校的核心，高校一切教学管理活动都要围绕立德树人展开。立德树人首先要回答"立什么德、树什么人"的根本问题。总体而言，"德"指马克思主义道德观指导下的社会主义道德，其中包括中华传统美德中蕴含的丰富思想道德资源，中国共产党团结带领中国人民在革命、建设、改革时期形成的优秀道德和一切人类文明优秀的道德成果。社会主义道德的丰富内容体系，体现了其与时俱进的包容性，但这并未改变社会主义道德为人民服务的核心。为什么人服务的问题是任何社会道德建设的核心问题，它规定并制约着道德领域的判断标准，是对人们的行为进行道德层面价值判断的根本尺度。我们的高校是中国共产党领导下的中国特色社会主义高校，肩负着培养德智体美劳全面发展的社会主义事业建设者和接班人的重大任务，这一任务旗帜鲜明地回答了"树什么人"的问题。社会主义事业建设者和接班人既是高校思想政治工作的育人目标，也是践行为人民服务的教育实践。为人民服务首先是要把人培养好，特别是要把青年人培养好，使青年人成为能够在新时代担当起民族复兴大任的时代新人；其次是要让拥有高强本领才干的青年人继续投身于服务人民的社会主义现代化建设事业当中，使青年人在实现自我人生价值和理想的过程中造福社会。因此，立德树人既是高校思想政治教育工作的核心，也是为人民服务宗旨在高等教育工作中的凸显。在为人民服务宗旨之下，高校思想政治教育工作就要牢牢抓住全面提升人才培养能力这个核心点，带动学校其他各项工作，以

---

[1] 习近平：把思想政治工作贯穿教育教学全过程　开创我国高等教育事业发展新局面 [N]. 人民日报, 2016-12-09 (1).

此来提升高校思想政治教育工作实际效果，培养出符合时代发展的有用之才。

新时代高校思想政治教育工作体系对人的自由全面发展的深刻践行体现在思想政治教育工作对学生全面成长的关注。"思想政治工作从根本上说是做人的工作，必须围绕学生、关照学生、服务学生，不断提高学生思想水平、政治觉悟、道德品质、文化素养，让学生成为德才兼备、全面发展的人才。"❶ 大学生是高校思想政治工作的教育对象，立德树人根本任务落到实处，就是根据大学生成长成才规律和发展需求，全方位进行教育教学工作和日常管理活动，教育引导大学生树立共产主义远大理想和中国特色社会主义共同理想，感知时代责任和历史使命，把个人追求融入国家事业，把远大抱负和脚踏实地相结合，通过勤奋学习拓展个人在德智体美劳各方面的能力，全面增强本领才干，成为一个自由而全面发展的新时代大学生。

三、丰富马克思主义青年教育观

可以看到，在马克思主义发展历程中，青年始终是时代的主题，是实践的核心。新时代高校思想政治教育工作体系以青年大学生为教育对象，提出了一系列针对青年的新要求，是马克思主义青年教育观的时代彰显。

（一）青年教育观的基本内涵

1835年，马克思中学毕业，他写了一篇题为《青年在选择职业时的考虑》的毕业论文，在文中马克思深刻地指出青年的职业选择与其所处的时代密不可分。也正是从这里开始，马克思主义青年教育观逐渐发展完善。

青年时期是人生成长的必经阶段，这个阶段不同于幼年和老年时期，富有蓬勃朝气和创造性力量，处在从不成熟到成熟的过渡时期，存在缺乏知识储备和经验积累，世界观、人生观和价值观不稳定的缺陷。基于青年时期的特殊性，在无产阶级政党和国家事业发展中，引导青年、争取青年力量成为重中之重。从世界历史的进程来看，自英国工业革命以来，青年群体就开始登上了历史的舞台。马克思、恩格斯首先立足于现实存在的人，提出了要到青年群体中寻找革命先锋的号召。在实践中，马克思主义政党非常重视青年的力

---

❶ 习近平：把思想政治工作贯穿教育教学全过程　开创我国高等教育事业发展新局面 [N]．人民日报，2016－12－09（1）．

量，马克思、恩格斯指导青年革命者参加无产阶级革命；列宁认为未来是属于青年的。

中国共产党在革命、建设和改革过程中，同样十分重视对青年的教育。毛泽东主张要培养青年人，把让青年人拥有正确、坚定的政治方向放在第一位，使青年人在德育、智育、体育这几个方面都得到良好的发展。改革开放以来，邓小平继承马克思主义的青年教育思想，在科教兴国发展战略的基础上，提出"四有"新人教育目标，十分重视用共产主义精神教育青年一代。党的十八大以来，以习近平同志为核心的党中央充分肯定青年地位，重视青年作用，立足党和国家的事业发展需要，在历史与未来相结合的视角下开展对青年人的教育，形成了马克思主义理论教育、共产主义理想信念教育、基本国情教育、社会主义核心价值观教育、中华优秀传统文化教育、"四个自信"教育、中国共产党历史教育、国家安全教育、网络安全教育等具有新时代特征的教育内容，丰富和完善了马克思主义青年教育观的时代内容，为新时代中国青年发展指明了奋斗方向。

（二）当代青年的时代使命

新时代，我国社会主要矛盾转化为人民日益增长的美好生活需要和不平衡不充分的发展之间的矛盾。其中，社会不平衡不充分发展的根本原因，仍是生产关系中存在着不适应生产力发展要求的地方，上层建筑中也有不适合经济基础变革要求的地方，这一矛盾成为社会诸多矛盾中最突出的矛盾。因此，在新的历史起点上继续推进全面深化改革，其深刻性和复杂性前所未见，在各种思想文化相互激荡下的矛盾叠加交织，不同社会群体的诉求也相互碰撞，面对这种情况，最关键的就是要使推进全面深化改革的各项工作始终沿着正确的方向前进。这就要在党的集中统一领导下做好思想政治教育工作。

全面深化改革中遇到的困难和问题，如创新能力不够强、民生领域有短板、意识形态领域斗争复杂、社会文明水平需提高、党的建设方面有薄弱环节等问题。解决这些困难，一方面需要具体详细的理论指导，另一方面也需要一大批青年人才投身全面深化改革的实践。这要求相关领域专家提供透彻的理论分析和可行的实践措施，在团队协作的基础上，专家学者带领青年大学生对改革触碰到的问题进行社会调研，客观地分析问题，开展深入细致的理论研究。这一过程不仅进行了有益的理论探索，而且为全面深化改革培养了源源不断的青年后备人才。高校思想政治教育工作强调大学生要有家国情怀和历史担当精神，把个体人生规划和国家发展目标相结合，急国家之所急，学国家之所需；引导大学生保持政治坚定性，明确政治定位，在中外文化思潮交融碰撞中要坚守正确政治立场；教育大学生要在历史与现实中正确认识中国与世界的关系，认识到中国特色社会主义发展的长期性和艰巨性，客观看待中国与世界的差距，做自信自强的新时代大学生。

在新的时代背景下，面对机遇和挑战，国家对当代青年提出了新的要求，即立大志、明大德、成大才、担大任。立大志是指青年要有崇高的理想信念，牢记使命，自信自励，理性地看待自身优势与不足，正确把握社会客观条件，在对奋斗目标的追求和当下处境的感知中，以坚定不移的信心和坚韧不拔的毅力战胜前进道路上的艰难险阻；在对艰苦奋斗精神的代代传承中，坚定马克思主义、共产主义的信仰和中国特色社会主义的信念，为民族的复兴伟业提供充足的精神动力。明大德是指锤炼高尚品德，崇德修身，启润青春，就是要以高尚的品德人格使青春才华得到正确运用。习近平总书记讲"国无德不兴，人无德不立"，高尚的道德是才华正确运用的前提。不仅要求青年加强个人修养，养成良好的个人品德，具备良好的社会公德、职业道德和家庭美德，还要求青年在为个体行为负责的同时，做到对家庭、对他人和对社会负责。青年要用真善美雕琢自己，以正确的道德认知、自觉的道德养成、积极的道德实践带动他人崇德向善，形成追求高尚品格的社会风气。成大才是指青年人要有高强的本领才干。青年人的本领高低，对民族复兴的进程产生直接的影响。青年要把握学习机会，勤奋学习、刻苦钻研，使勤学成为优良的社会风气；要惜时如金，孜孜不倦，"甘坐冷板凳，愿下真功夫"，成为博学多才的领域专家；要在学习实践中，向书本学、向群众学、向传统学、向现代学，把所学知识内化于心、外化于行；保持不断创造和勇于创新的精神状态和行为倾向。担大任是指青年要有天下兴亡、匹夫有责的担当精神。青春至美是担当，青年人的担当是决定青年人生价值的最大砝码，也是影响时代发展进程的重要力量。青年要把个人前途与国家、民族的命运紧紧联系在一起，在服务社会、奉献国家中实现人生理想和人生价值；要坚持实践第一、知行合一，以求真务实的精神勇敢面对生活中的考验和挫折；要始终保持昂扬向上的精神状态，以求新求变的朝气、锐气引领时代变革的潮流，成为以真才实学担当民族复兴大任的时代新人。

在高校思想政治教育工作中，为党育人、为国育才成为高校培养人才的重要目标，把青年大学生培养成马克思主义的坚定信仰者和忠实实践者：带领青年大学生回望中华民族和中国共产党的历史，认真学习祖国的历史文化传统和党的治国理政理念，在充分理解和尊重的基础上，传承和弘扬中华优秀传统，坚定拥护中国共产党治国理政，让中华民族的故事、中国共产党的故事深入人心；带领青年大学生立足当下中国社会，在国际环境发生深刻复杂变化的形势下理解中国，投身中国共产党领导下的中国特色社会主义实践，关注社会现实和热点问题，用积极的思维和建构的视角客观地研究中国现象，深刻地阐释中国问题，让国际社会看到一个全面立体的中国；带领青年大学生展望中华民族伟大复兴的光明前景，明确国家所处的历史阶段和未来发展的时代方位，了解国家人才需求方向，勇于探索对社会进步具有关键作用的新业态、新领域，以青年人创新创造的热情推动中国特色社会主义现代化建设事业蓬勃发展。

由此可见，高校围绕马克思主义在意识形态领域的指导地位开展思想政治教育工作，与中国共产党治国方略中对教育文化事业的重视相契合，与当代中国青年响应党和国家号召担当民族复兴大任的崇高理想相一致。因此，习近平新时代中国特色社会主义思想指导下的高校思想政治教育工作，是在社会主义普遍性和中国特色特殊性相结合的时代条件下，培养有理想、有本领、有担当的时代新人的理论指南。

新时代高校思想政治教育工作体系坚持历史唯物主义，贯彻落实人的自由全面发展观，丰富了马克思主义青年教育观，在根本的理论指导中、当下的发展进程中以及未来的发展目标中都体现着正确科学的思想引领，致力于培养社会主义建设者和接班人。

第二节　完善高校思想政治教育工作理论

在马克思主义理论的指导下，高校思想政治教育工作体系在教育理念、根本立场、工作方法、改革创新模式等方面具有科学性、人民性、实践性和时代性等鲜明特征。

一、逻辑缜密的科学性

新时代高校思想政治教育工作体系的科学性，来自马克思主义从产生到发展的科学性，马克思主义正确反映了客观世界特别是人类社会本质和发展规律，决定了新时代高校思想政治教育工作体系呈现着整体上的科学性。

（一）指导思想的科学性

新时代高校思想政治教育工作体系的科学性表现为指导思想的科学性。马克思主义深刻揭示了自然界、人类社会、人类思维发展的普遍规律，揭示了事物的本质、内在联系及发展规律，为人类认识世界和改造世界提供了方法论。在马克思主义理论中，实践是沟通主观世界与客观世界的桥梁，是检验真理的唯一标准，这就决定了马克思主义从产生到发展始终坚守并践行着实事求是、一切从实际出发、理论联系实际的优良学风和作风。与此同时，马克思主义是一个开放的理论体系，在不断变化的时代中持续接受实践检验，克服人们在改造世界中所遇到的种种问题和困难，克服马克思主义基本原理运用于各国具体实践过程中的失误，才使这一理论体系在认识客观世界和人类社会中更加全面、更加正确。

在马克思主义指导下，高校思想政治教育工作要着眼于世界和我国面临的百年未有之大变局，遵循教书育人规律和学生成长规律，引导学生以理论指导实践，在社会主义现代化建设的实践中正确认识历史使命和时代责任，正确认识自身现实和远大理想之间的差距，带领学生通过接续奋斗来实现自己的理想和人生价值。

（二）工作体系的科学性

高校思想政治教育工作不是在一个环节、部分学生、部分机构进行的思想政治教育，而是在整体上对高校师生进行的全员式思想政治教育，很多人既是向外传导知识的教育者，又是向内自我学习的受教育者。换言之，教育过程就是思想政治教育工作的体系化建构过程，更为具体地体现在高校全员育人、全程育人和全方位育人的实践中。在高校，党委领导下的校长负责制体现了党对高校工作的全面领导。在党委领导下，高校各基层组织建设建构齐全，组织规范，工作体系严密。在高校思想政治教育工作人员组成中，有党政干部、共青团干部、哲学社会科学课教师、思想政治理论课教师、辅导员、心理咨询教师等，共同构成了思想政治教育工作的多元化教师队伍，为"三全育人"准备了充足的师资条件。其中，思政课教师作为专业的教学人员，是上好思政课的关键所在。高校思想政治教育工作的各项工作主体之间既各自独立开展工作，又互相促进，共同形成了对青年大学生开展思想政治教育的工作闭环。正是其工作体系的科学性，为办好中国特色社会主义大学夯实了基础。高校思想政治教育工作体系的科学性，要求高校教师在开展思想政治教育工作过程中，具有整体意识和协同意识，不仅看到自身工作是整个思想政治教育工作的重要环节，还要看到思想政治教育对青年大学生人生发展的整体规划的重要作用，在实际工作中做到与其他教育环节的有效对接。

二、毫不动摇的人民性

高校思想政治教育工作的人民性，来自马克思主义鲜明的人民性特征。马克思主义反映并代表无产阶级和人民群众的利益和愿望，为人民群众的解放和幸福而奋斗。马克思主义不仅站在科学和真理的制高点，更站在道义的制高点上。因此，作为以马克思主义为指导思想的政党，中国共产党始终把人民放在最高位置，把根基扎在人民群众当中，代表着最广大人民的根本利益，团结带领人民不断为美好生活而接续奋斗。

（一）突出人民的历史主体地位

高校思想政治教育的人民性体现为人民的历史主体地位。如前所述，唯物史观科学地阐明了人民是历史的创造者。从前的学说，否认了人民群众对社会历史发展所起的推动作用，片面地夸大英雄人物在历史发展中的作用与地位。而马克思主义阐述了人民群众创造历史的伟大作用。与此同时，人民性作为马克思主义最鲜明的政治立场，要求马克思主义政党始终同人民想在一起、干在一起，立足人民群众的根本利益。相应地，这要求在高校思想政治教育工作中，要坚定地遵循社会主义的办学方向，解决教育领域突出问题，办好人民满意的教育事业。

（二）满足人民对美好生活的向往

高校思想政治教育工作体系的人民性体现在教育要为人民服务，教育要不断满足人民对美好生活的向往。马克思主义是致力于实现无产阶级和人民群众美好生活的学说。马克思主义认为，无产阶级作为先进的阶级，只有解放了全人类，最终才能解放自己，解放全人类就是让人们过上幸福的物质和精神生活。在新的历史条件下，人民对美好生活的向往成为我们的奋斗目标。高校思想政治教育工作中，要聚焦人民对教育领域的关注热点，把人民对美好教育生活的向往转化为切实解决人民群众教育问题的实际行动，促进教育公平早日实现，以教育公平推动社会公平公正，使人人都能享受到教育发展成果。正是基于高校思想政治教育工作体系的人民性，在高校形成了以学生为主体的教学工作体系，从青年大学生入学教育、日常管理，到学生的就业辅导、职业生涯规划，从身体健康到心理健康，从过程管理到细节考察，基本实现了在大学阶段对学生的"全程式"思想政治教育。除此之外，为了更好地引领学生，高校教师也有着高标准、严要求，使得教师以优良的品格和人格魅力感染学生，实现了在空间维度上对学生全方位的思想政治教育。

三、知行合一的实践性

高校思想政治教育工作体系的实践性来自思想政治教育本身的实践性特征。在以人为实践对象的社会实践活动中，思想政治教育工作不仅要从实际出发，帮助教育对象提高思想政治素质，优化教育对象的素质结构，开发潜能，促进教育对象全面发展和健康成长，而且要使教育对象完成思想认识上的飞跃，帮助教育对象运用理论指导实践，完成改造世界的现实任务。这主要体现在教育内容的实践精神和教育过程的实践本质两个方面。

（一）教育内容的实践精神

高校思想政治教育工作以青年大学生为主要教育对象，其教育内容既包含科学理论，又包含对大学生的实践指引。归根结底，高校思想政治教育工作中的教育内容，无论其呈现形态是理论的还是实践的，都必然要作用于学生成长的实践过程中，并引领大学生树立正确的世界观、人生观和价值观。

要教育引导学生在坚定理想信念上下功夫、在厚植爱国情怀上下功夫、在加强品德修养上下功夫、在增长知识见识上下功夫、在培养奋斗精神上下功夫、在增强综合素质上下功夫。这六个"下功夫"是对教育内容实践精神的精辟概括。在理论上要引导学生坚定理想信念，理解共产主义远大理想的现实性和长远性，理解中国共产党的领导是中国特色社会主义的根本特征。在实践中感知以共产主义为最终目的的中国特色社会主义实现了每个人更自由、更全面地发展自己的才能，感知中国特色社会主义道路自信、理论自信、制度自信和文化自信；要引导学生厚植爱国情怀，让爱国主义情感在学生心中扎根，使大学生在促进社会发展的实践中增强本领才干，在参与国际社会活动中涵养自尊自信、理性平和的大国国民心态；要引导学生加强品德修养，中国式现代化新道路是中华民族整体实现现代化的道路，更是每个公民在推动社会发展中实现个体现代化的过程，要让大学生在科学文化知识的学习活动中，增强思想道德素质和法治素养，成为具备高尚品德和现代化法治素养的全面发展的人；要引导学生增长知识见识，在有字之书中丰富学识，沿着真理和道理的漫漫征途前进，在无字之书中增长见识，于家庭生活和社会生活的琐碎中锻造个人性格品德；要引导学生具备奋斗精神，使学生具有乐观向上的人生态度和勇于奋斗的精神状态，在坚韧不拔的毅力和坚定不移的信心中涵养奋斗精神；要引导学生增强综合素质，培养学生在德育、智育、体育、美育和劳动教育中的创造性才能，在其中享受乐趣、健全人格。

新时代高校思想政治教育工作体系中，要注重培养大学生生活学习的实践能力，而正是这些教育内容的实践精神赋予了高校思想政治教育工作鲜明的实践品格，也是在对教育内容的实践领悟中不断推动着高校思想政治教育工作的改革创新。

（二）教育过程的实践本质

新时代高校思想政治教育工作体系的实践性还体现在教育过程的实践本质。高校思想政治教育工作重在实践，它不仅要把高校工作实践作为正确的思想来源和基础，坚持运用工作实践中产生的正确思想教育和引导青年大学生，还要把高校思想政治教育工作实践看作青年大学生对象化的过程，即把教师所掌握的教育要求和内容转化为青年大学生思想道德素质、法治素养和综合素质的过程，促进大学生全面发展，把高校思想政治教育工作目标通过对象化的过程在青年大学生身上体现出来。高校思想政治教育中，教师教与学生学习的实践过程是根本，只有使高等教育目标实现了对象化，才能在青年大学生身上再现思想政治教育工作这一复杂的脑力劳动成果，展现思想政治教育工作在高等教育中的价值。如果单方面学习高校思想政治教育工作的理论知识，而不注重把理论知识转化为青年大学生思想政治素质和综合素质，不注重引导青年大学生实践新时代高校思想政治教育工作的科学理论，高校思想政治教育工作就会在时代发展中丧失自己存在的根本价值。因此，实践性是高校思想政治教育工作的生命力，通过以青年大学生为对象的教育过程得到体现。高校要积极引导青年大学生接触实际、参与实践、推动实践，并在实践过程中实现改造主观世界和客观世界，实现高校思想政治教育工作的根本目的和真正价值。

四、与时俱进的时代性

社会主义先进文化赋予高校思想政治教育工作体系以时代性。在中华民族发展的历史道路上，实现中华民族伟大复兴成为全党、全国各族人民共同的心愿。为了实现这一心愿，历史上的仁人志士纵览古今、借鉴中外，做了许多有益探索。高校思想政治教育工作，不仅要让大学生理解中华民族的传统、中国革命的传统，更要把发展变化的中国和世界讲给学生，向大学生讲述社会主义先进文化产生的历史必然性，阐释清楚社会主义先进文化的先进性之所在。把马克思主义的指导思想、中华文化的坚定立场、当代中国的现实和当今时代条件的变化融入社会主义先进文化的传授过程，向大学生展现时代需求和时代特色，教育引导大学生感知时代脉搏和时代变化，在时代的浪潮中拼搏、不懈奋斗，努力成为新时代中国特色社会主义现代化建设事业所需要的人才。

（一）教育目标的时代方向

在中国历史上的各个时期，时代精神都是对民族精神的继承和弘扬。高校思想政治教育工作中，代代传承的教育目标既体现了历史上不同时期我国教育目标的民族特色，也是对不同时代教育发展目标的精准把握。中国特色社会主义进入新时代，一个民族、一个国家的核心价值观必须同这个民族、这个国家的历史文化相契合，同这个民族、这个国家的人民正在进行的奋斗相结合，同这个民族、这个国家需要解决的时代问题相适应。要求一个民族、一个国家的教育事业同这个民族、这个国家要解决的时代问题相适应，教育要做到与时俱进。

当前，我国经济进入快速转轨期，社会各个领域正在发生深刻复杂的变化，国际社会也风云变幻。在国内外形势深刻变化中，高等教育既有着难得的发展机遇，又面临突出挑战。从国家发展目标来看，高校思想政治教育工作要围绕立德树人这一核心育人目标，时刻紧跟国家发展要求，通过理论教学和实践教育的途径，以培养致力于中华民族伟大复兴中国梦的青年大学生为主要任务。这就要求高等教育以国家发展要求为导向，优化人才培养中的学历、专业等结构，使育人成果在国家建设中产生实际效果，培养创新人才、助推科技进步、提高人的综合素质、促进人的全面发展，为经济社会建设提供更多创新性智力支撑。在高校思想政治教育工作中，无论是思想政治理论课教学还是各专业课课程思政教学，始终以推动构建人类命运共同体为长远目标，紧跟世界发展趋势。要把人类命运共同体的精神理念和实践要求传递给青年学生，引导大学生涵养积极理性的大国国民心态，积极参与国际对话合作与交流，拓展国际视野，带领大学生以自尊、自信、自强的精神积极推动构建人类命运共同体。与此同时，高校思想政治教育工作要对标世界一流大学建设目标，以更优的教育理念夯实中国特色社会主义教育根基。从人民对美好教育生活需求的宏观角度出发，始终以人民对美好教育生活的期待为目标，聚焦提升教育质量、实现内涵式发展，不断满足人民群众对高等教育更新的要求，实现高等教育向普及化发展的历史性转变。而就微观来看，高校思想政治教育工作体系强调要进行改革创新，更新教育理念、教学方法、教学手段，以适应新时代教育对象新的话语习惯、思维方式、交往行为和认知特点，在青年大学生对思想政治教育理论教学和实践工作的新需求中开展工作，真正贯彻以学生为中心的教育理念，切实提升教育活动实效性。

总的来看，高校思想政治教育工作体系在宏观上把握国内外发展趋势，在微观上聚焦个体对更好教育生活的需求，准确把握教育对象特点，高效开展教育实践，是其教育目标与时俱进的突出展现。

（二）教育技术的不断更新

在以信息技术为主要特征的世界第四次工业革命浪潮中，中国走在了世界前列，在量子通信、航空航天、人工智能、大数据等新兴领域取得重大突破。科技的发展进步对高校思想政治教育工作也提出了更高的要求。"要运用新媒体新技术使工作活起来，推动思想政治工作传统优势同信息技术高度融合，增强时代感和吸引力。"❶ 思想政治教育要引导大学生把个人理想与国家战略需求相结合，认真学习专业技能，掌握过硬本领，使其成为能够担当起民族复兴大任的时代新人。

新媒体新技术对高校思想政治教育工作的开展实施具有重大价值。

第一，更新高校思想政治教育工作理念。高校思想政治教育工作传统理念中单一的管理模式和教学方式占据主流。在新媒体新技术环境下，开放式、多元化的工作理念渗透到高校思想政治教育工作的各个方面。就思想政治理论课教学工作来说，通过新媒体技术，

---

❶ 习近平：把思想政治工作贯穿教育教学全过程　开创我国高等教育事业发展新局面［N］. 人民日报，2016 - 12 - 09（1）.

师生互动成为教学内容的一部分，有助于教师即时把握学生的情感需求，即时分析学生的价值观点。这不仅能提高思政理论课的课堂教学效果，增强各类别专业学生对思政理论课相关问题的参与度，而且能搭建师生之间良性互动的桥梁，提高学生在思政课堂上的获得感。更为重要的是，这种多元开放的工作理念使思想政治教育工作不仅存在于思政课堂上，还或显性或隐性地存在于高校日常管理工作的各个方面，形成一个从教师到学生、从管理到教学、从课堂到生活的良性育人循环系统，推动高校思想政治教育工作更加有效地开展。

第二，创新高校思想政治教育工作形式。新媒体新技术最大的功能是把固定的课堂讲授变成流动的知识传授，把客观的知识传输变成主观的情感体验和主动思考。以高校思政理论课教学为例，以前的课堂讲授是固定的，授课内容是由教师提前准备好讲授给学生的，无论课程内容还是授课形式，学生都是被动参与的。而运用了新技术的思政课堂，创新了既有的思想政治教育工作形式，把学生变成课堂的主动参与者，部分学生甚至能够成为课堂的建构者。比如，在 VR 技术的支持下，学生能够真正地置身于红军长征走过的雪山草地，切身感受长征精神；可以"穿越时空"成为某次战争的一名红军战士，在战争中感受中国共产党人坚定的理想信念和深厚的家国情怀；可以实现人机对话，随时随地解疑释惑；可以让基于思政课堂教学内容的艺术创作"活灵活现"……这些新的授课形式都能使学生置身于真实的历史情境，满足学生的情感需求，达到更好的课堂教学效果。

第三，拓展高校思想政治教育工作环境。新媒体新技术以"新兴"的技术特点及其连带效应拓宽了高校思想政治教育工作环境。高校教育工作者的工作环境不仅仅是在现实的社会，虚拟的网络空间也成为十分重要的工作场所。工作环境的改变并没有否定传统思想政治教育工作的经验和方法，却对高校思想政治教育工作者提出了更高的要求，即要适应现实与虚拟相互交织的复杂工作环境，并探索出适合这一工作环境的工作方法。

与此同时，高校思想政治教育工作在运用新媒体新技术的过程中，也面临重大挑战。为了更好地应对这些挑战，高校思想政治教育工作者要引导大学生，首先是提高甄别信息的能力。虚拟与现实相融合的网络空间是新媒体新技术的最主要特点，在网络空间中，海量信息真假难辨、社会思潮繁冗复杂、价值观念多元且缺乏核心，导致大学生极易迷失在网络空间而难以自拔。这要求高校思想政治教师要引导大学生在感性的情感信息背后寻找理性知识支撑点，带领学生分析网络观点的正误，剖析社会思潮背后的意识形态因素，引导学生坚定政治立场、坚守理想信念，不断提高辨别信息的能力，成为网络空间的理性运用者和探索者。其次是要防止被技术异化。网络在丰富人们生活的同时，不可避免地使人们陷入其中。社交软件便利了工作生活，却也助长了浅层次的无用社交；公众号使人们开阔了视野、增长了见识，却也传递着碎片化不成系统的知识；休闲娱乐 App 使空闲时间被填满，却也不断收集个人信息，进行着同质化推送，等等。从本质上来讲，技术在任何时候都只能是手段而不是最终的目的。人类运用技术是要让生活更美好，而检验生活是否更美好的标准就是要看社会生活中的人是否得到了平等的、全面自由发展的机会。同等条件下，技术使人们实现了选择信息的自由，把掌控欲望的主动权交给了人类，但在并非每个人都自律的前提下，技术显然奴役了大部分运用技术的人，其中，世界观、人生观、价值观尚未稳定的大学生群体占据很大一部分。因此，高校思想政治教育工作者要引导大学生认识到被技术裹挟的危害，向学生阐释清技术是手段、人是目的的价值与意义，帮助学生走出深陷虚拟世界的泥潭，合理、正确运用网络空间的内容信息，帮助学生成为网络空间的理性行为主体，做新媒体新技术环境下高校思想政治教育工作的积极建构者。习近平总书记多次强调指出，青年人是祖国的希望和民族的未来，因此，高校思想政治教师对大学生的要求不仅是提高自身面对网络空间的能力，还承担着引领网络空间积极健康发展的责任。

正是由于高校思想政治教育工作体系具有鲜明的科学性、人民性、实践性和时代性，使其在理论完善的同时不断被中国特色社会主义高等教育事业发展的实践过程所检验，增强了这一科学体系对高校思想政治教育工作实践的指导，进而创生出高校思想政治教育工作完整的内容组成，从根本上完善了高校思想政治教育工作理论。

第三节　创新高校思想政治教育工作体系

新时代高校思想政治教育工作体系在继承的基础上积极创新，从构建中国特色哲学社会科学体系、凸显思政课教师主体地位、思政课程与课程思政相结合这三个方面创新了高校思想政治教育工作内容，使其更符合社会主义现代化建设对高等教育的实践要求，也更有助于推动中华民族伟大复兴中国梦的实现。

一、构建中国特色哲学社会科学体系

构建中国特色哲学社会科学学科体系和教材体系，是高校思想政治工作创新学术话语体系，建立科学权威成果评价体系，构建全方位、全领域、全要素哲学社会科学体系的基础，对深刻理解哲学社会科学对人类历史发展的作用具有进步意义。

（一）中国特色哲学社会科学的重要价值

从世界历史的整体视角观察哲学社会科学，我们发现，任何一个国家、任何一个时代的哲学社会科学，都带来了社会的重大进步和人类文明的重大发展。哲学社会科学领域深刻的知识变革，成为引领时代变革的思想先导。当人们原有的知识体系被新的知识架构冲击时，会不自觉发出这样的疑问："这个世界应该是什么样的？"在寻找"世界怎么了"的思考、探索与实践过程中，人类不断开辟着认知新领域、搭建着知识新结构。这些新的知识框架以其创新的思想光芒引领着人们，将精神层面对世界和自我的思考转化为行动层面改变个体命运的社会实践。在与以往不同的新的实践活动中，人们不仅勇敢地创造着不同于祖先的生活，而且无数人的创造力汇聚到一起，共同改变着一个国家的历史进程，书写着世界历史的新篇章。

（二）中国特色哲学社会科学的工作要求

从中国特色社会主义发展道路的局部视角观察中国哲学社会科学，我们看到，当代中国哲学社会科学在学科体系、研究队伍、创新能力和水平等方面都取得了丰硕成果。而在中国特色社会主义发展道路不断进行实践探索的时代背景中，当代中国经历着广泛而深刻的社会变革，中国特色哲学社会科学面临着更加繁重的创新任务。这对当代中国哲学社会科学工作提出了三个方面的要求：

第一，旗帜鲜明地坚持马克思主义指导地位是构建中国特色哲学社会科学体系的根本。在我国哲学社会科学工作中，一项重要任务是要继续发展21世纪的马克思主义，即要继续推进马克思主义中国化、时代化。当代中国哲学社会科学体系中，涵盖了从马克思主义理论、哲学、经济学、科学社会主义，到历史学、政治学、文学、法学、军事学等学科和领域。在中国改革开放的伟大社会实践中，各门类哲学社会科学汲取中国传统精粹、改革开放伟大历史成就、世界文明最新成果，更新了各学科原有的知识内容和框架结构。在知识更新过程中，广大哲学社会科学工作者不仅理解和掌握了马克思主义中国化最新理论成果，将其运用于丰富学科知识，而且坚定地站在马克思主义立场，以马克思主义观点分析本学科发展趋势，用马克思主义科学的思维方法对学科基础理论和前沿问题进行科学研究，使中国特色社会主义理论体系最新成果贯穿于研究和教学全过程。"坚持以马克思主义为指导，是当代中国哲学社会科学区别于其他哲学社会科学的根本标志，必须旗帜鲜明加以坚持。"❶

第二，始终坚持以人民为中心的研究导向是构建中国特色哲学社会科学体系的核心。在高校思想政治教育工作中，要解决并回答好"培养什么人、怎样培养人、为谁培养人"的根本问题，其中，解决"为谁培养人"具有核心地位。唯物主义史观基本原理表明：人民群众是历史的创造者。这说明，一方面，人民群众创造了人类社会的物质财富和精神财富。人民通过辛勤劳动创造财富，满足着自己的物质生活需要，构筑着自己的精神世界。特定历史条件下，在杰出历史人物的带领下，人民群众的力量甚至可以改变一个时代的发展进程。而如果离开人民群众的创造性力量，物质财富和精神财富便是无源之水、无本之木。另一方面，人民群众创造物质财富和精神财富的社会实践，能推动社会历史向前发展。生产力和生产关系、经济基础和上层建筑的矛盾是推动社会历史向前发展的基本动力，立足这一基本动力，人民群众改造世界的实践活动不断开辟着新的知识领域，进一步更新着我们对原有世界的认识观点，从而形成关于世界的新认识。在新认识指导下进行的实践活动，又开启了新一轮改造世界的实践过程。所以，人民群众能够赋予哲学社会科学研究发展的吸引力、感染力、影响力和生命力。因此，人民的主体地位、实践创造和社会需求是哲学社会科学发展完善的基本导向。

第三，立足中国的历史和实践是构建中国特色哲学社会科学体系的动力。中国历史和当代中国实践赋予哲学社会科学以鲜明的中国特色，体现在以下两个方面：一是中国历史的民族性和继承性。五千多年的中华优秀传统文化蕴含着人文学科资源的精华，是中国人民一代又一代从先辈那里传承下来的生存力量，展现了中国人民独特的民族性特征，也启示当代哲学社会科学工作者要继续弘扬中国精神，挖掘中国历史丰厚资源，巩固哲学社会科

---

❶ 习近平：结合中国特色社会主义伟大实践　加快构建中国特色哲学社会科学［N］. 人民日报，2016 - 05 - 18（1）.

学的民族特色。二是当代中国实践的时代性和原创性。时代性和原创性是哲学社会科学是否具有中国特色的重要方面。只有立足中国实际和改革开放伟大实践进行哲学社会科学的理论和实践研究，才能形成独属于当代中国的研究特质，也才能够对改革开放和中国特色社会主义建设经验进行正确总结。无论是传统学科还是新兴学科、交叉学科、冷门学科，构建全方位、全要素、全领域的哲学社会科学体系，都要在理论研究和实践探索中紧跟国际学术前沿趋势，立足中国特色社会主义发展要求，构建中国特色哲学社会科学体系。

（三）完善中国特色哲学社会科学体系

中国特色哲学社会科学体系包含中国特色哲学社会科学学科体系、学术体系和话语体系。新时代高校思想政治教育工作体系在完善中国特色哲学社会科学过程中，要求思想政治理论课教师把新的实践和新的理论成果讲授给大学生，把党和国家制定的各项方针政策以通俗化的教学语言传递给大学生。

以史为鉴、开创未来。构建中国特色哲学社会科学学科体系、学术体系和话语体系，必须要坚持中国共产党的领导，把中国共产党核心领导地位贯穿于学科体系、学术体系和话语体系发展中，使高校哲学社会科学工作坚持正确的政治定位；必须要团结带领中国人民不断为美好生活而奋斗，把人民群众对复杂社会现象的疑问阐释清楚，凝聚起人民追求美好生活奋斗的精神力量；必须要不断推进马克思主义中国化，强化对马克思主义中国化的理论研究和实践证实，促进马克思主义中国化和时代化；必须要坚持和发展中国特色社会主义，扎根中国大地进行学术研究，坚定中国特色社会主义道路自信、理论自信、制度自信和文化自信；必须要加快国防和军队现代化，深入研究马克思主义经典作家对国防和军队的相关论述，为国防和军队现代化提供科学理论支持；必须不断推动构建人类命运共同体，使哲学社会科学体系的完善立足于推动构建人类命运共同体的实践，使中国特色哲学社会科学体系具有世界视野；必须要进行具有许多新的历史特点的伟大斗争，把握时代特点，掌握斗争规律和斗争精神，在推动哲学社会科学体系完善中迎接新的挑战；必须要深化哲学社会科学体系中民族地区特色研究和相关政策解读，致力于在哲学社会科学领域推动和加强各民族中华儿女大团结；必须要不断推进党的建设新的伟大工程，研究新时代党建经验，加强各高校党建学科点的设置和建设，在高校党政工作和专职教师中培育党建专门人才，推进新时代党的建设伟大工程。

二、凸显思政课教师主体地位

办好思想政治理论课关键在教师，关键在发挥教师的积极性、主动性、创造性。

（一）思政课教师的内在特质

中国特色社会主义的高校教师，是先进思想文化的传播者、党执政的坚定支持者，是学生健康成长的指导者和引路人。作为高校思想政治理论课的教师，最重要的责任就是要给学生心灵埋下真善美的种子，引导学生扣好人生第一粒扣子。首先，要使马克思主义信仰、社会主义和共产主义信念在学生心中开花结果，要求思政课教师对所讲的马克思主义信仰、社会主义和共产主义信念坚定不移，从内心深处高度认同并作为自己的理想信念，用自己的学识、阅历和经验，做学习和实践马克思主义的积极典范，才能有底气讲好思想政治理论课，从而点燃学生对于真善美的向往和追求。其次，思政课教师不仅要做理论传授者、思想引领者，更要成为具有高尚道德情操，以德立身、以德施教的楷模。教师的学识和能力无疑会对学生产生重要的影响，但更重要的是，教师于国于民、于公于私所持有的价值观，更能影响学生的道德判断和价值选择。思政课教师要在学习和传授马克思主义理论的过程中提高自我修养，成为一个高尚的人、纯粹的人、脱离了低级趣味的人，以模范行为影响和带动学生。最后，要发挥思政课教师的积极性、主动性、创造性，其核心是从教师自身出发，肯定教师对于讲授思想政治理论课由内而外的积极性，培养教师对思想政治理论课从备课、授课到课后反思的主观能动性，激发教师从个人知识积累、专业特长方面对思想政治理论课做出符合学生需求的创新创造。

（二）思政课教师的时代使命

在成为"四有"好老师的总体要求下，对思想政治理论课教师提出了更高的要求。

第一，政治要强。教师在科学研究和课堂讲授过程中，都要提高政治站位，在大是大非面前保持政治清醒。在科学研究中，遵循"思想无禁区，学术有规范"的科研要求，善于以辩证唯物主义和历史唯物主义的视角深刻分析理论问题，把深奥的理论探索与新时代中国特色社会主义建设实践有机融合，让理论探讨为实践需求服务，始终保持坚定的马克思主义政治立场；在课堂讲授中，善于抓住与大学生学习生活联系最紧密的时事热点问题，向学生传授看待热点问题的方法和视角，深入分析不同观点背后的政治立场和政治态度，把马克思主义的立场、观点和方法落实到课堂教学各环节、各方面。同时，思政课教师要有马克思主义的坚定信仰，有共产主义的远大理想和中国特色社会主义的共同理想。有信仰的人才能讲好信仰的故事，传播好信仰的声音，思政课教师要真正成为学生心底的好老师，就要以自身坚定的信仰魅力来吸引和引领学生。

第二，情怀要深。首先，思政课教师要有深沉的家国情怀，有"先天下之忧而忧，后天下之乐而乐"的担当精神，把国家和民族根本利益放在最高位置，心里始终装着国家和民族。作为联系个人与祖国之间关系的情感纽带，爱国主义以深沉的爱国情感、调节个人与国家之间关系的理性认识和付诸实践的行动呈现，成为一个融情感、理性、行动的统一整体。思政课教师要准确把握爱国主义新的时代内涵和实践要求，教育引导大学生合理合法正确爱国。其次，要有深厚的人民情怀。人民是历史的创造者，是真正的英雄。思政课教师要关注人民生活，了解人民对美好生活的新需求，把这种需求与授课内容相结合，在课堂上引导大学生把为人民服务纳入个人职业规划和奋斗目标中，培养具有人民情怀的社会主义事业建设者和接班人。

第三，思维要新。思政课教师要积极接受新知识，研究新的教学理念和工作方法，在马克思主义正确思维方法的指导下，善于运用最新技术丰富课堂教学形式，在知识传授中给学生以深刻的学习体验，从而引导学生树立正确坚定的理想信念。

第四，视野要广。要求思政课教师首先要有知识视野。思政课教师要有扎实的专业基础知识，也要适当掌握其他各学科理论知识，不断完善自身的知识体系和知识结构，成为又博又专的思政课教师。其次，要有国际视野。思政课教师不仅要深入了解中国，更要深刻了解世界中的中国，把中国的国际地位、所处的国际形势讲给学生，引导大学生以敏锐的国际眼光看待中国，在国内外对比中讲清思政课的道理。最后，还要有历史视野。中华民族的历史、中国共产党的历史、新中国的历史、改革开放的历史既一脉相承又接续发展，思政课教师要在古今对比中向学生阐释清楚中国特色社会主义道路自信、理论自信、制度自信、文化自信，引导大学生在青春奋斗中从容自信、坚定自励。

第五，自律要严。一方面，要求思政课教师做到课上课下一致。课堂讲授是教师备课过程的展现，即思政课教师备课、授课、课后反思的全过程要在思想和行为上保持课上课下相统一。另一方面，大学生是网民群体的重要组成部分，思政课教师课堂讲授的内容要与个人网络关注点、网络言论相一致，知行合一，成为被学生真正信任和敬仰的教师。

第六，人格要正。思政课教师以深厚的理论功底影响学生、以真理的力量感召学生的同时，还要以人格的魅力感染和吸引学生，以堂堂正正的人格做学生学习生活的榜样和表率。

三、思政课程与课程思政相结合

新时代思想政治教育工作体系提出了思政课程和课程思政协同育人的理念。要用好课堂教学这个主渠道，思想政治理论课要坚持在改进中加强，提升思想政治教育亲和力和针对性，满足学生成长发展需求和期待，其他各门课程都要"守好一段渠，种好责任田"，使各类课程与思想政治理论课同向同行，形成协同效应。进行思想政治理论教育，可以采取多种途径、多种方式，但无论时代如何发展、技术如何进步，课堂教学这个主渠道不可忽视。在课堂教学中，理论知识和实践技能都可以通过不同方式在大学生心中扎根。

灌输法是思想政治教育理论知识教学最常见的方法。从 1921 年中国共产党成立开始，我们党的思想政治教育历史就没有中断过，这一百年思想政治教育的历史充分证明：理论灌输法是进行思想政治教育最主要、最有效的方法。尽管这一方法曾一度被质疑、被否定，但无论技术怎样发展、时代如何变化，灌输法都以其强大的生命力存续下来，成为不被时代淘汰的思想政治教育工作方法。强调课堂教学主渠道地位，实际上，就是充分肯定了理论灌输法的作用。在课堂教学中，灌输法不仅是基本原则，更是开展思想政治理论传授的方法论指导。在思政课程和课程思政课堂教学中，思想政治教育元素同向同行，灌输法充分发挥着作用，产生着协同育人效应。

（一）思政课程的理论坚守

思政课程是思想政治理论课的简称，高校思政课程主要有"马克思主义基本原理""毛泽东思想和中国特色社会主义理论体系概论""中国近现代史纲要""思想道德与法治""形势与政策"这五门理论课程，部分高校思政课程体系中会增加一定的实践学时学分作为补充。思政课程的理论讲授都是在课堂上完成的，提高大学生对思政课程的获得感就要在课堂教学上下功夫。尽管各门思政课程都属于思想政治理论课，但其理论侧重点却各有不同。"马克思主义基本原理"着重讲授马克思主义世界观和方法论的最基本原理，通过概念阐释、逻辑推演等方式，引导学生从理解自然界、人类社会的一般规律中，从把握资本主义社会内在基本矛盾中，掌握贯穿始终的马克思主义立场观点和方法，其目的是培养大学生运用马克思主义关于物质世界、人类社会基本原理分析世界、提高解决问题的能力，具有严密的逻辑性和深厚的理论性特征。"毛泽东思想和中国特色社会主义理论体系概论"着重讲授马克思列宁主义与中国具体国情相结合的理论成果，教育引导学生理解毛泽东思想、邓小平理论、"三个代表"重要思想、科学发展观、习近平新时代中国特色社会主义思想之间是如何一脉相承和与时俱进的，充分理解马克思主义中国化理论体系的科学性，深刻理解中国共产党为什么能、中国特色社会主义为什么好、马克思主义为什么行，其重点是要向大学生阐释清楚马克思主义基本原理是如何与中国具体实际结合并产生马克思主义中国化理论的，具有鲜明的理论与实践相结合的特征。"中国近现代史纲要"着重讲授中国近代以来争取民族独立、人民解放和实现国家富强、人民幸福的历史，引导学生在历史脉络中感受中国人民选择马克思主义、选择中国共产党、选择社会主义道路、选择改革开放的历史必然性，其重点是要向大学生阐释清楚中国共产党在马克思主义的正确指导下，带领人民建立社会主义国家、走中国特色社会主义道路的艰苦卓绝和历史必然性，具有较强的理论性和鲜明的历史性。"思想道德与法治"着重讲授马克思主义的人生观、价值观和道德观、法治观，厘清社会主义核心价值观和社会主义法治建设的内在联系，教育学生在生活中筑牢理想信念之基，培育和践行社会主义核心价值观，尊重和维护宪法法律的权威，提升大学生思想道德素质和法治素养，其重点是将基础理论和时代要求讲清楚，尤其是要教育引导学生学会运用基础理论、践行时代责任，具有指向鲜明的行动性特征。"形势与政策"根据时事政治安排课程内容，旨在帮助学生了解当下国内外重大问题和形势，具有很强的时效性。在思政课程独特性要求的基础上，课堂教学并不能一概而论，灌输法的运用也要根据课程侧重点进行调整，实现课堂目标。

（二）课程思政的润物无声

课程思政是一种教学理念，通俗地讲，就是在各类课程中都选择运用思想政治教育元素，在对大学生进行专业知识传授的同时，帮助大学生树立正确的价值观念和人生追求。比如，建筑学教师在进行建筑学原理知识讲授中，可以我国历史上建筑学大师为例，把为国奉献的家国情怀传递给学生。在课程思政教学理念运用中，通常存在这样一个误解，即认为课程思政适用于除思政课程之外的其他各类课程。其实不然，作为一种教学理念，课程思政具有普遍适用性，即课程思政不仅适用于其他各类课程，也同样适用于思政课程。相比而言，课程思政与其他各类课程的融合，要求教育者挖掘各类专业课程中的思想政治教育元素，而课程思政与思政课程的融合，则要求教育者考察研究特定的教育对象。这是因为在高校教学和思想政治教育工作实践中，教育工作者所面对的受教育对象专业背景、家庭环境、文化水平等因素存在差异，导致他们对思想政治理论的接受程度存在个体化差异，尽管受教育者已经或者正在接受思政课程的理论熏陶，但是他们并不能完全理解思政课程理论对于他们学习、工作和生活的实际意义。此时，只有将课程思政理念融入思政课程中，才能提升受教育者对思政课程的获得感，也才能真正对大学生理想信念的确立产生实际影响。

在高校思想政治教育工作内容创建中，围绕构建中国特色哲学社会科学体系，阐述了如何更好地凸显思政课教师地位、拓宽育人渠道，既立足教育对象、重视思政课教师，又积极把握学科发展方向，促进高校思想政治教育工作内容不断完善。

新时代高校思想政治教育工作体系从马克思主义基本原理与新时代中国特色社会主义建设事业的实际出发，从世界百年未有之大变局的深刻复杂变化与中国面临的发展机遇挑战出发，从思想政治教育工作与思想政治理论课的内在联系出发，阐明了新时代高校思想政治教育工作体系对于坚持马克思主义指导地位、完善高校思想政治教育工作理论、丰富思想政治教育学科内容等方面具有重要的理论价值，推动了高校思想政治教育工作的实践发展，在理论与实践相互融合的整体作用下，高校思想政治教育工作定能取得更大成效，为社会主义建设事业培养可靠的建设者和合格的接班人。

第三章　高校思想政治教育工作"三全育人"模式研究

2017年2月27日，中共中央、国务院下发了《关于加强和改进新形势下高校思想政治工作的意见》（以下简称《意见》）。《意见》指出，加强和改进高校思想政治工作的基本原则之一就是"坚持全员全过程全方位育人。把思想价值引领贯穿教育教学全过程和各环节，形成教书育人、科研育人、实践育人、管理育人、服务育人、文化育人、组织育人长效机制"❶。2018年5月，教育部办公厅发布的《关于开展"三全育人"综合改革试点工作的通知》，要求各地要分类开展"三全育人"综合改革试点工作，从宏观、中观、微观各个层面，着力构建一体化育人体系。这一系列讲话、意见、举措确立了"立德树人"这一根本任务引领下构建全员、全程、全方位的"大思政"育人理念和格局，为新时代"怎样培养人"这一铸魂工程提供了基本遵循、价值导向和规范要求。

第一节　"思政格局"下的全员育人

"大思政"工作格局是对多种具有思想政治教育功能的因素通过特定的活动或联系机制所形成的合力体系的整体形态描述，❷ 即遵循思想政治教育规律和学生成长规律，运用

---

❶ 关于加强和改进新形势下高校思想政治工作的意见［EB/OL］. 中国政府网，2017 - 02 - 27.
❷ 刘兴平. 高校"大思政"格局的理论定位与时间建构［J］. 思想教育研究，2018（4）：104 - 108.

一切可用资源，发挥一切能用力量，对学生进行思想政治教育。[1] 其中，教育者是"大思政"格局中的关键因素。从受教育者角度来看，个体品德形成和人格完善受其所处人际关系和社会环境的影响，其思想与心理发展的内在规律也决定了"全员"是育人的主体支持系统和关键要素。

一、学校育人

（一）高校育人优势及要求

以培养人才为己任的大学教育可以说古已有之。我国西周的辟雍、汉代以后的太学以及后来的国子学等，都属于大学性质的高等教育学府。这些学府的教育宗旨是"学大艺焉、履大节焉"。"学大艺"就是学习广博的知识，"履大节"就是培养高尚的道德。汉代郑玄指出："大学者以其记博学可以为政也。""为政"就是做大事。可见我国古代社会大学是教育学生学知识、学做人、学做事的重要场所。

中华人民共和国成立后，大学一直是社会进步和经济发展的重要引擎。1952年，在学习借鉴他国办学经验的基础上，教育部对全国高校院系、学科进行调整，突出理工学科，强化应用学科，形成了我国高等教育系统的基本格局。1977年，高考制度的恢复拉开了高等教育振兴发展的帷幕。改革开放以来，在"科教兴国"战略推动下，我国高等教育事业取得了快速发展，形成了适应国民经济建设和社会发展需要的多种层次、多种形式、学科门类基本齐全的社会主义高等教育体系，为社会主义现代化建设培养了大批高级专门人才，在国家经济建设、科技进步和社会发展中发挥了重要作用。

我国高等教育发展方向要同我国发展的现实目标和未来方向紧密联系在一起。这就要求从世界格局和我国国情重大变化的宏观背景下，全面审视我国高等教育所处的历史方位。党中央做出加快建设世界一流大学和一流学科的战略决策，加快发展我国高等教育事业。"党和国家事业发展对高等教育的需要，对科学知识和优秀人才的需要，比以往任何时候都更为迫切。我们要建设的世界一流大学是中国特色社会主义的一流大学，我国社会主义教育就是要培养德智体美劳全面发展的社会主义建设者和接班人。我国高等教育要立

---

[1] 叶安胜，赵倩，周晓清. 新时代背景下"大思政"育人格局的构建与探索 [J]. 中国大学教育，2020（7）：16－20.

足中华民族伟大复兴战略全局和世界百年未有之大变局，心怀'国之大者'，把握大势，敢于担当，善于作为，为服务国家富强、民族复兴、人民幸福贡献力量。"❶ 高校育人的重要地位更加凸显并无可替代。

（二）高校育人主体

高校"三全育人"体系是依据高校的三大岗位即专业技术岗位、管理岗位和工勤技能岗位，形成教书育人、管理育人和服务育人三大教育体系。这可以算作"大思政"格局的基础。2017年，中共中央、国务院印发的《意见》中提出"十大"育人体系是"大思政"育人格局在高校的完整体现。这一高校"大思政"格局涉及教学、科研、管理、服务等多个环节，涵盖高校育人的各类主体，既包括思政教师、专业教师、辅导员、班主任等直接与学生联系的育人主体，也包括党政管理干部、科研和管理服务人员、后勤服务人员等全员育人共同体，全体教职员工之间紧密配合，共同承担思政育人职责。

1. 一线教师是第一主体

一线教师毋庸置疑是对大学生进行思政教育的第一主体。

第一，思政教师是关键。思想政治理论课是落实立德树人任务的关键课程，作用不可替代，思政课教师队伍责任重大，把思政课教师定义为青年学子的人生引路人，要给学生的心灵埋下真善美的种子，引导学生扣好人生第一粒扣子。

第二，专业教师是主力。每门课程都蕴含着思政元素，高校要通过建立和完善全方位、多层次教师培训与发展体系，引导专业课教师以立德树人为目标，树立知识传授与价值引领协同共进的教学理念。专业教师要把思想引领和价值观塑造融入每一门课程的教学之中，深入挖掘课程思政元素，实现教书和育人的深度融合，成为培养学生思想品格的人生导师。

第三，教师身正为范。无论是思政课教师还是专业教师，其思想政治状况具有很强的示范性，都要坚持教育者先受教育，努力成为先进思想文化的传播者、党执政的坚定支持者，更好地承担起学生健康成长的指导者和引路人的责任。为此，高校教师要坚持教书和育人相统一，坚持言传和身教相统一，坚持潜心问道与关注社会相统一。

❶ 习近平：坚持中国特色世界一流大学建设目标方向 为服务国家富强民族复兴人民幸福贡献力量 [N]. 人民日报, 2021-04-20 (01).

2. 辅导员班主任是骨干力量

高校辅导员班主任是思想政治教育工作的骨干力量。21世纪以来，党和国家更加重视思想政治教育工作，2000年和2004年分别出台文件促进大学生思想政治教育工作。2005年，教育部出台了《关于加强高校辅导员班主任队伍建设的意见》，明确提出，辅导员、班主任是高等学校从事德育工作、开展大学生思想政治教育的骨干力量，是大学生健康成长的指导者和引路人，要从战略和全局的高度，充分认识新形势下加强辅导员、班主任队伍建设的特殊重要性和紧迫性。❶该意见对于高校辅导员班主任的配备、培养培训及发展政策保障都提出了具体要求。2017年，教育部43号令《普通高等学校辅导员队伍建设规定》对辅导员职责提出更具体的要求，指出辅导员是开展大学生思想政治教育的骨干力量，是高等学校学生日常思想政治教育和管理工作的组织者、实施者、指导者；界定了辅导员的九项工作职责❷，其中思想理论教育与引领是其第一项职责，要求辅导员帮助学生不断坚定中国特色社会主义道路自信、理论自信、制度自信、文化自信，牢固树立正确的世界观、人生观、价值观，掌握学生思想行为特点及思想政治状况，有针对性地帮助学生处理好思想认识、价值取向、学习生活、择业交友等方面的具体问题。❸

从职业定位角度来看，高校辅导员班主任是学生成长成才的人生导师，又是学生健康生活的知心朋友。这一双重角色要求辅导员要不断练就过硬的本领，首先，辅导员班主任要成为学生的人生导师，就要不断提升自我。"其身正，不令而行；其身不正，虽令不从。"要当好学生的人生导师，辅导员班主任自身必须坚定"四个自信"，牢固树立"四个意识"，真正做到学懂、弄通、做实，自觉弘扬践行社会主义核心价值观，身体力行成为学生锤炼品格的引路人，做学生学习知识的引路人，做学生创新思维的引路人，做学生奉献祖国的引路人。其次，辅导员班主任要成为大学生的知心朋友。青年大学生正处于青春期末期，叛逆、独立、矛盾的个性与心理脆弱、意志不坚、阅历有限的现实形成反差，单一的说服教育已经不能满足思政教育与价值引领的需要。辅导员班主任作为一线管理人员，相比其他教育主体，具有与学生接触最早、相处最长、了解最深的教育优势，因此，辅导员班主任要学习掌握教育学、心理学知识，与学生平等对话、深入交流，全面快速掌

---

❶ 教育部关于加强高等学校辅导员班主任队伍建设的意见［EB/OL］. 中国政府网，2005-01-13.

❷ 九项工作职责，分别是思想理论教育和价值引领、党团和班级建设、学风建设、学生日常事务管理、心理健康教育与咨询工作、网络思想政治教育、校园危机事件应对、职业规划与就业创业指导、理论和实践研究。

❸ 教育部公布《普通高等学校辅导员队伍建设规定》［EB/OL］. 中国政府网，2017-10-05.

握学生的心理变化和需求，引导学生顺利平稳度过大学生活，在完成岗位职责工作中，成为大学生的良师益友。

3. 其他人员是保障力量

"大思政"格局下的全员育人意味着高校的一线教师、班主任辅导员之外的其他岗位人员都成为大学生思想政治教育不可或缺的力量。从事科研活动的广大教师和高校科研管理人员承担着科研育人的职责；学院后勤部门、图书馆及校医院部门承担着服务育人的职责；党政干部及职能部门承担着组织育人的职责。各部门、各组织要构建资源共享、优势互补、责任分担、科学组织的协同育人体系，充分发挥不同类别组织的育人功能，达到育人目标，提高育人成效，促进师生全面发展。

总之，高校要构建全员育人共同体，形成党委统筹领导的全员育人机制，党政管理干部、思政教师、专业教师、辅导员、班主任等全体教职员工之间要加强联系，紧密配合，共同承担"立德树人"的育人职责。

二、社会育人

（一）社会育人的传承和发展

马克思主义认为教育是一种人类特有的社会活动，不仅需要家庭、学校，也需要社会营建良好的育人环境，形成综合合力，才能培养德智体美劳全面发展的人才。教育史上最早的教育职能就是通过社会教育实现的。在原始社会，家庭尚未形成之前，年青一代的教育是在全氏族成员的共同劳动中，在日常社会生活中，由氏族公社的成员通过言传身教，或由有经验的年长者向年青一代传授一些简单的生产和生活经验的方式进行。随着家庭及家庭教育的出现，直至学校教育产生，广义的社会教育开始逐步分化为三种独立的教育形态，即学校教育、家庭教育和狭义的社会教育。❶

原始社会，我国有巢氏教民穴处巢居，燧人氏教民钻木取火，伏羲氏教民渔猎，神农氏教民稼穑。战国时代的《周礼·地官》记载了"聚民读法"的规定，由大司徒、州长、党正等官员于每年正月、七月、十一月的初一日，集合所辖人民，诵读邦法，进行政治教

---

❶ 顾明远. 教育大辞典 [M]. 上海：上海教育出版社，1998.

育；在春秋社祭日，行饮酒乡射之礼，尊敬长老，表彰有德，以进行道德教育；还以"六德（知、仁、圣、义、中、和）""六行（孝、友、睦、姻、任、恤）"和"六艺（礼、乐、射、御、书、数）"教育人民。宋、明时期的"乡约制度"，明、清初期颁布的"圣训六谕""圣谕十六训"等，这些都体现了社会教育。

中华人民共和国成立以后，中央人民政府教育部设社会教育司主管社会教育工作。社会教育的任务是宣传马克思主义、毛泽东思想，宣传中国共产党的方针、政策，普及科学文化知识，开展群众性的文艺、体育活动，以提高广大青少年和人民群众的思想觉悟和科学文化水平。现代社会随着科学技术的迅猛发展，社会知识总量的激增，知识更新的速度不断加快，有限的学校教育需要无限的社会教育的紧密配合，为青年成长提供更多机会和平台。

（二）社会育人的新时代接力

社会教育相对于学校教育更具有独立性、深刻性、丰富性和形象性等特征。

第一，社会教育以社会为背景，在教育时间和空间上具有灵活性，可以满足个体在不同时间段继续学习的需要。

第二，社会教育形式更多样，内容更丰富，实践更全面。

第三，社会教育更有利于人的社会化。教育是个体社会化的重要途径，社会教育力量可培养学生积极参加社会活动，能将分散的、自发的社会影响纳入正轨，促进个体的社会化。良好的社会教育有利于对学生进行思想品德教育，增长知识、发展能力，培养兴趣爱好，丰富精神生活，促进德智体美劳的全面发展。

社会育人平台需要全社会共同营造和建设。要提倡多读书，建设书香社会，不断提升人民思想境界、增强人民精神力量，中华民族的精神世界就能更加厚重深邃。为人民提供更多优秀精神文化产品，善莫大焉。社会育人机构包括文化馆（宫）、少年宫、图书馆、博物馆、纪念馆、电影院、剧院、广播电台、电视台等。这些机构都要以立德树人为核心，生产、传播优秀文化，发挥社会育人的优势，引导青年学子成长成才。

高校发挥社会育人功能，还要充分整合校外资源，引导大学生向优秀人物学习。模范人物、企业和政府提供的优质资源都是高校"大思政"教育的强大助力。高校要充分利用丰富的社会资源，搭建丰富多样的社会育人平台，通过组织先进事迹报告会、邀请社会先进模范人物、优秀社会团体进校园、进课堂，以先进事迹、模范人物感召引领大学生；充分挖掘社会热点新闻事件中蕴含的思想政治元素，与大学生思想政治教育工作实际相结合，引导学生展开深度讨论，坚定理想信念，强化以爱国主义为核心的民族精神，不断弘扬社会主义核心价值观，实现新时代育人目标。

三、学生育人

学生育人主要是指学生中的先进分子对朋辈学生的榜样引领作用以及学生的自我教育。

（一）榜样教育助力朋辈引领

马克思关于人的本质的科学论述是青年榜样教育的理论基础。每个人从来到世界的那一刻起，就处在一定的社会环境中，就不可避免地同周围的人发生着各种各样的社会关系，如家庭关系、地缘关系、业缘关系、经济关系、政治关系、法律关系、道德关系等。人们正是在这种社会关系中塑造自我、发展自我，才真正成为现实的具有个性特征的人。个体在思想观念、道德品质、心理结构、价值取向等方面显露出"差异"和"不平衡"。这种"差异"和"不平衡"表现为先进与后进、典型与一般的多样统一，这就使利用朋辈榜样引领大学生成长成才成为价值应然性活动。[1] 马克思主义理论以人的全面发展学说为出发点，倡导尊重人类自身的主体性、能动性和创造性，以人的全面、自由发展为榜样教育的价值导向。[2] 因此，朋辈学生的榜样教育是大学生思想政治教育的重要途径。

社会心理学家班杜拉的社会学习理论是榜样学习的心理学依据。班杜拉的观察学习理论认为，人类学习是行为、个体与环境交互作用的产物，三者彼此连接，相互影响，凡是学习者观察学习的对象，就可以称为榜样或示范者。他强调："大部分的人类行为是通过对榜样的观察而习得，榜样是人成长的一种需要。"[3] 班杜拉通过大量实验研究证明，个体除进行直接学习外，还能通过观察环境中他人的行为及其结果而进行间接学习。观察学习是人类学习的一种重要形式，因此，学习榜样的品德和行为也是提升个体素质和修养的

[1] 曹宣明. 大学生朋辈榜样教育的典型做法及思考——以中国大学生自强之星寻访为例 [J]. 安徽理工大学学报（社会科学版），2018，18（4）：30-35.
[2] 刘靖君，屈代洲. 西方青少年榜样教育的理论释义及启示 [J]. 湖北社会科学，2014（12）：178-182.
[3] 阿伯特·班杜拉. 社会学习心理学 [M]. 郭占基，等译. 长春：吉林教育出版社，1988：22.

有效途径。

在我国优秀传统文化中，榜样一直被认为是传递价值、态度、思想和行为模式的最有效的手段之一，榜样教育作为德育重要内容和形式发挥着不可或缺的作用。孔子、孟子、老子、荀子等先哲们的教育著作和论述中都出现了关于榜样教育的论述。他们主张将说教式、灌输式育人方式转化为从学习者自身需求、感受和体验出发，由对榜样的仰慕产生情感共鸣，主动效仿和内化榜样的思想和行为，达到教育的目的。孔子提出身教胜于言教，正人以正己为前提，"其身正，不令而行；其身不正，虽令不从"（《论语·子路篇》）。老子倡导"行不言之教"，即教化人民，就是教育者要以身作则，以良好的行为为人们树立典范，使受教育者在潜移默化中得到启示。还有古人所说的"见贤思齐""三人行，必有我师焉""以身立教"等都是榜样学习的例证。在我国，几乎每一个历史时期都出现了爱国爱民、无私奉献的榜样人物，成为人们学习的典范，为传统社会的德育发挥了重要的教化作用。

马克思主义关于人的本质论述和班杜拉的社会学习理论为榜样教育提供了充分的理论依据，我国历史上榜样教育的典范为新时期高校学生育人提供了实践经验。

学生朋辈榜样的示范引领就是要发挥学生干部和学生党员的模范带头作用。学生干部是班级管理的主要参与者和组织者，其自身素质的高低对于良好班风的养成、浓厚学习氛围的培育有着十分重要的作用。青年学生党员是大学生群体中的先进分子，具有较强的责任感和使命感。这些思想品质优秀、理想信念坚定、自律积极向上的学生干部和党员在学生群体中能起到领头雁的作用，其榜样力量会在其他学生头脑中发生化学反应，激发其他学生的精气神，从而带动广大学生共同进步。

新时代高校思想政治教育要更好地发挥学生育人的作用，可以从以下三方面进行：一是强化信仰价值引领。在全球化背景下，我国社会出现了不同程度的"信仰危机"和不同价值观的冲击。一面是多元价值观冲击，一面是思维敏捷的青年学生，就更要加强青年学生榜样的信仰价值引领作用。学生榜样应树立马克思主义信仰，以社会主义核心价值观为引领，弘扬中华传统美德，促使外在的榜样价值内化为主体的自觉追求。二是加强过程示范。个体行为的形成是长期过程。青年大学生正处于青春晚期和成年早期阶段，身心快速发展，呈现出个体自我意识强烈、情感起伏较大、成就动机较强、喜欢模仿和从众等特点。针对青年的身心特点，高校在开展朋辈榜样教育引领时，应遵循榜样学习的基本步骤，针对不同学习对象，注重榜样示范的过程性。三是创设榜样环境。学习者更容易受到榜样社会环境或环境中他人行为及结果的重要影响，在榜样环境中，学习者更能潜移默化地观察榜样的行为和行为反馈，宽松、自然的学习氛围营造是榜样教育的重要保证。

（二）构建"四自"管理模式

马克思主义认为人的主观能动性表现在人可以能动地认识世界，也可以能动地改造世界。因此，教育同自我教育是统一的过程，自我教育在一定意义上是教育的结果，又是进一步教育的条件或内部动力，在教育过程中要充分发挥受教育者自我教育的主体作用。

我国古代教育家也非常重视培养学生自我教育的能力。"授人以鱼，不如授人以渔"强调了教育的最高境界就是给予学生自我教育和成长的能力。孔子提倡"内自省""内自讼""一日三省吾身"，要求人们自觉地反省修德。《大学》中的"君子必慎其独"，也是强调自我修养。孟子曰："君子深造之以道，欲其自得之也。自得之，则居之安；居之安，则资之深；资之深，则取之左右逢其原。故君子欲其自得之也。"（《孟子·离娄下》）他强调德形修养要依靠"自得"。

马克思主义哲学指出，内因是事物的内在矛盾，外因是事物的外部矛盾，外因对事物发展的影响要通过内因才能起作用。因此，教育的最高点是自我教育，学校教育、家庭教育和社会教育的最终目的就是帮助个体获得自我教育的能力。自我教育是一个动态闭环结构，首先个体在自我认识的基础上，提出自我要求；其次在自我要求的目标引导下，在实践过程中的自我监督、自我控制、自我调节，力争达到一定预期效果；最后通过自我评价形成对自己的新的认识。在这一新的基础上，又开始了新的自我教育循环上升过程。❶

自我管理是指在教育过程中，学生自己规划管理学习、生活；自我服务是学生围绕自我发展获取信息，寻求满足自我发展需要的信息和条件，追求自身能力和综合素质提高方面的服务；自我教育是指学生充分发挥自我能动性，积极主动地配合学校的教育过程，完成高等教育的目标；自我监督是学生自觉根据教育目标，调整自身与教育目标产生偏差的行为、习惯、目标、动机，通过内省对自己的行为表现进行自我评价和自我调整。"四自"教育的四个方面紧密联系，环环相扣。自我管理是基础，自我服务是手段，自我教育是目

---

❶ 冉乃彦. 真正的教育是自我教育 [M]. 北京：新世界出版社，2004.

标，始终贯穿于大学生教育过程，自我监督是保障。大学生要以自我教育为核心目标，通过自我管理、自我监督、自我服务、自我调控和自我完善达到自我的全面发展。该模式是对我国传统"自省"教育方式的继承，也是对马克思主义自我教育观的拓展，还是高校大学生思想政治教育途径的新突破。

"大思政"格局下，家庭是教育的基础，学校是教育的关键，社会是教育的保障，自我是教育的核心，都是育人队伍里重要的组成部分。全员育人就要有效凝聚学校、家庭、社会、学生的积极因素，整合各方资源，形成四位一体的协调联动育人共同体，同向发力，助力学生成长成才。

第二节　"思政格局"下的全过程育人

"大思政"格局下的"全过程育人"就是根据学生成长的规律，学校在不同年级、不同空间、不同时间将思想政治教育贯穿于学生时代整个学习生活的始终。从横向来看，思想政治教育全过程育人是在空间上整合所有的思想政治教育资源，将思想政治教育贯穿到学校教育教学各环节的全过程，把思想政治理论课教育与日常思想政治教育结合，思政课程与各类专业课程结合，理论教育和实践教育结合，实现课内课外结合、网上网下结合、校内校外教育结合的立体化教育和复合化教育的育人大格局。从纵向来看，全过程育人是以学生成长发展的规律为依据，根据大学生的成长规律，对大学生所处的不同阶段进行不同的教育，发挥思想政治教育在不同阶段的育人功能，在时间上实现阶段性与持续性相统一。❶

一、思想政治教育贯穿教育各环节

学校也具有德育的最大优势。因此，要把立德树人作为教育工作的主线，融入思想道德教育、文化知识教育、社会实践教育各环节，贯穿基础教育、职业教育、高等教育各领

---

❶ 吕静. 高校思想政治教育全过程育人研究［D］. 武汉：华中师范大学，2018.

域。只有让学科体系、教学体系、教材体系、管理体系都围绕这个目标来设计，教师围绕这个目标来教，学生围绕这个目标来学，才能聚焦聚力、取得实效，为人才培养筑牢更高水平、更加科学的制度基础。

（一）思想政治教育立足第一课堂

课堂是学生获取专业知识和技能，形成正确的情感、态度和价值观的主要途径。

高校思想政治教育要贯穿于育人全过程，贯穿于一线课堂中，推动思想政治教育与专业教育、通识教育、创新创业教育有机结合。立德树人这一目标要贯穿到高校课堂教学全过程之中，构建思政课程与课程思政协同前行、相得益彰的育人大格局。

教师在教书的同时，要具备关注道德教育资源、把握道德教育时机、主动培养学生道德品质的意识，要不断强化提升自身的育德能力。"不同学科专业的教师，研究领域、讲授内容、教学方法各有不同，但育人的要求是一致的。要把知识教育同价值观教育结合起来，把思想引导和价值观塑造融入每一门课的教学之中。"❶ 因此，高校在开展高素质、专业化思政课教师队伍建设的同时，也要提高专业课教师的思政教育水平。通过建立和完善全方位、多层次教师培训与发展体系，引导专业课教师以立德树人为目标，树立知识传授与价值引领协同共进的教学理念，把教书和育人结合起来，不只做专业知识的教书匠，也要成为培养学生思想品格的人生导师。在教学中，教师要秉承"课程承载思政"和"思政寓于课程"的理念，优化课程设置，将思政内容贯穿于各类专业教育课程和通识教育课程中，根据不同专业课程特色，深入挖掘课程思政元素，以润物细无声的形式将理想信念、正确的价值观传导给学生，使课堂教学的过程成为引导学生学习知识、锤炼心志、涵养品行的过程，实现育人效果最大化，❷ 实现教书和育人的深度融合。

（二）思想政治教育融入第二课堂

第二课堂是区别于第一课堂学习，从课外的学习、活动、实践中获取知识和技能，从而实现大学生综合素质全面提高的一种成才成长方式。社会实践、社会活动以及校内的各

---

❶ 习近平：把思想政治工作贯穿教育教学全过程 开创我国高等教育事业发展新局面［N］. 人民日报，2016-12-09·(1).

❷ 谢辉. 守好一段渠，种好责任田——深入推进课程思政建设［N］. 中国青年报，2019-09-09.

类学生社团都是学生的第二课堂。习近平非常重视社会课堂，他特别举例自己在梁家河插队，就是在上社会大学、向群众学习、向实践学习，让他受益匪浅。让学生在亲身参与中认识国情、了解社会，受教育、长才干。

站好第二课堂，高校要把思想政治教育融入主题教育、社会实践、志愿服务、校园文化建设等活动，推动思想政治教育与社会主义核心价值观教育的有机结合。学校要结合学生成长需求，着力打造一批品牌主题教育、志愿实践和校园文化活动，助力学生全面发展、成长成才。第二课堂更要走出学校，投身到社会大舞台，充分利用学生的寒暑假和实习期，在校外、家庭、实习单位等场所开展实践教学，延伸立德育人的时间和空间。这不仅实现了教学场所的多样化，同时可以充分利用不同场所的教学资源，更好地发挥育人合力，实现学生道德品质教育与家庭教育、社会教育、岗位技能训练的有机融合。

（三）思想政治教育占领网络课堂

互联网的普及给高校思想政治教育带来新的挑战与机遇。"互联网突破了课堂、高校、求知的传统边界，对学生的影响越来越大。年轻人几乎是无人不网、无日不网、无处不网，意识形态领域许多新情况新问题也往往因网而生、因网而增，许多错误思潮也都以网络为温床而发酵。从一定意义上说，谁赢得了互联网，谁就赢得了青年。"❶ 随着互联网成长的青年一代被数量庞大、种类繁多的网络信息包围，正能量的社会信息被掩盖在浩如烟海的网络信息之中。这需要青年学生提高明辨是非的能力，正确判断是非曲直，更需要科学正确的主导意识引领，以网络思政课堂引领青年树立正确的价值观是新时代思想政治教育的重要阵地。中共中央、国务院在《关于进一步加强和改进大学生思想政治教育的意见》中明确指出："主动占领网络思想政治教育新阵地。使网络成为弘扬主旋律、开展思想政治教育的重要手段。要利用校园网为大学生学习生活提供服务，对大学生进行教育和引导，不断拓展大学生思想政治教育的渠道和空间。要建设好融思想性、知识性、趣味性、服务性于一体的主题教育网站和网页，积极开展生动活泼的网络思想政治教育活动，形成网上网下思想政治教育的合力，要密切关注网上动态，了解大学生思想状况，加强大学生的沟通与交流，及时回答和解决大学生提出的问题。要运用技术行政和法律手段，加

---

❶ 习近平：把思想政治工作贯穿教育教学全过程　开创我国高等教育事业发展新局面［N］．人民日报，2016－12－09（1）．

强校园网的管理，严防各种有害信息在网上传播。加强网络思想政治教育队伍建设，形成网络思想政治教育工作体系，牢牢把握网络思想政治教育主动权。"❶ 高校要立足网络课堂，遵循思想政治教育和互联网的双重规律，推动思想政治教育与互联网的有机结合。拓展网络思政空间，增强网络思政的实效。

高校思想政治教育实现横向全过程育人就是要立足学生的成长成才需求，打通三类课程，系统设计第一课堂、第二课堂和网络课堂，实现三个"课堂"无缝对接、相互渗透，形成课课有思政、师师共育人的思政大格局。

二、思想政治教育贯穿个体成长各阶段

（一）统筹大中小学思政课一体化

思想政治教育必须贯穿于从儿童到少年，再到青年的整个过程。各级学校承担的思想政治教育的内容侧重点不同，基础教育阶段的思政课是独立的课程，涉及相关知识领域要与主体成长阶段相适应，要引导学生从做好小事、管好小节起步，踏实修好品德，成为有大爱大德大情怀的人，高等教育阶段的思政课是不同学科构成的大学科群的架构，强调在授业解惑中引人以大道、启人以大智，使人成为栋梁之才。各级教育的终极目标都是培养国家和社会所需要的符合社会道德标准的人才。

长期以来，思政教育教学存在学段间、课程间内容过度重复，学段间衔接性不高，大中小学教师"各管一段""背靠背"教学的情况，从而导致思政课教学不能深入学生内心，学习效果也不理想。解决这一问题的关键就是统筹推进大中小学思政课一体化建设，使得各学段思政教育既要"守好一段渠，种好责任田"，又要树立起整体性思维，接力培养、上下贯通、形成合力。

大中小学思政课一体化的内涵十分丰富。从全程贯通角度来看，思政课一体化包含德、智、体、美、劳五个方面，是全员、全过程、全方位育人格局的整体构建；从学段贯通角度来看，从小学到大学，各学段思想政治教育要从课程目标、教材体系、课程内容、课程体系等要素上找到同一方向的合力，统一规划，搭建好思政课螺旋上升阶梯；从课程

---

❶ 中共中央、国务院发出《关于进一步加强和改进大学生思想政治教育的意见》［EB/OL］．中国政府网，2004－10－14.

贯通角度来看，思政课一体化建设内含"课程思政"的育人要求，必须充分挖掘各类课程思政教育资源，推动各类课程与思政课程形成协同效应，构建不同学段"协同作战"的思政课程教育体系。

大中小学思政课一体化建设理念基于科学的理论逻辑。人的认识是在实践中循序渐进、螺旋式上升的过程，"一体化"思政教育理念遵循了人的认识发展规律，创新了思政教育理念。一是整体化教育理念的创新，把学生作为一个完整的人来看待，把学生的一生作为一个整体来尊重，把人的自由全面发展作为教育的目标来追求。二是系统化教育理念的创新，大中小学思政课一体化建设要求对于学生的不同成长阶段，要联系地、变化地、可持续地进行观察，根据不同阶段的形势要求，结合家庭、社会环境等影响因素统筹考虑。三是一体化教育理念的创新，这一理念比传统教育观念更强调因材施教、分类施教，在分层、分类施教的基础上更加强调统一性、贯穿性和内在的整合性。❶

大中小学思政课一体化理念具有鲜明的实践指向。大中小学思政课一体化建设要处理好"全程贯穿"与"学段差异"的关系。"全程贯穿"要求把立德树人目标贯穿思政教育始终和各阶段教育内容纵向衔接。"学段差异"要求根据不同年级学生成长规律，大中小学的思政课在形态设置和内容结构上由低到高、由浅入深、螺旋上升、有机统一。比如，中国近现代历史在小学主要是以故事形式展开，在中学强调史实，在大学要引导学生树立正确的历史观。

大中小学思政课一体化理念具有高阶的教育价值。大中小学各学段在结构上应包括知识体系的交叉、学习资源的整合以及学习方式的创新，是一个从过去的单纯的学科知识导向到基于核心素养导向的变化。一方面，一体化教育理念目标是要促进学习者形成更高阶的认知水平和能力。另一方面，一体化教育理念给学习者创建更高的学习平台和更大的学习空间，帮助学习者丰富实践经验，提高知识应用能力和有效解决问题的能力，最终达到情感的深入以及思想的提升。在一体化建设中，教师和学生都是一体化中的学习者，双方在信任、合作、鼓励、宽容的环境中共同学习成长。❷

总之，大中小学思政课一体化理念具有丰富的价值内涵、科学的逻辑理路、鲜明的实践指向和高阶的教育价值。构建大中小学思政教育一体化模式，既是以学生成长发展的规

---

❶ 王峰，周晶. 如何加强大中小学思政课一体化建设顶层设计 [J]. 中国高等教育，2021（7）：42－44.
❷ 王峰，周晶. 如何加强大中小学思政课一体化建设顶层设计 [J]. 中国高等教育，2021（7）：42－44.

律为依据，实现纵向全过程育人的举措，也是党中央深化新时代学校思想政治理论课改革创新的战略部署，更是立德树人根本任务取得实效的根本保证。各级各类学校要积极构建横向协同、纵向衔接的大中小学思政课一体化建设体系，推动思政课建设内涵式发展，让每个学段都有"责任田"，都有"一段渠"，努力为学生成长打好底色，为培养一代又一代社会主义建设者和接班人夯实基础。

（二）推进高校思政课一体化

高校推进思政课一体化建设，是新时代培养合格接班人的迫切要求。高校推进思政课一体化，就是要以目标为导向，以学生为中心，以问题为突破，以成果为标准，发挥主渠道作用，夯实大学生思想基础。

以目标为导向，注重结构布局优化协调。立足世界百年未有之大变局，从中国特色社会主义教育是知识体系教育同思想政治教育的结合这一基本认识出发，科学认识和把握思想政治工作的定位，统筹育人资源和育人力量，推动知识传授、能力培养与理想信念、价值理念、道德观念教育有机结合。

以学生为中心，注重资源有效集合配置。以一切为了学生成长为出发点，将思想政治工作融入办学治校全过程，落实到教职员工岗位职责规范之中，推动"思政课程"与"课程思政"同向同行，把思政教育贯穿青年大学生成长的各个阶段，让学生在不同成长阶段思政教育"不缺席"、思政学习"不掉队"，让思想政治教育成为学生成长成才的丰富养料，滋养学生的心灵。

以问题为突破，提升思政教育的实效性。聚焦高校思想政治工作中存在的不足，深刻查摆短板弱项，把破解思想政治工作体系与学科体系、教学体系、教材体系、管理体系、服务体系结合不紧密，思想政治工作不平衡、不充分问题作为改革抓手，充分发掘和运用各学科专业蕴含的思想政治教育资源，实现优质教学资源的共建共享。

以成果为标准，探索人才培养创新模式。高校要提高思想政治理论课质量和水平，就要注重优化高校思政课教师队伍的体系建设、能力建设和效能建设，注重选拔培养高素质人才从事马克思主义理论研究和教育教学，积极探索教师队伍与日常思想政治教育工作队伍深度融合的工作机制，切实改革思政课教师评价机制，加大思政课教师激励力度，提升思政课教师队伍整体能力和水平，使学校思想政治教育工作更好地适应和满足学生成长诉求、时代发展要求、社会进步需求。

全过程育人着眼个体成长的全过程，强调教育为学生个体成长服务以及学校全过程为学生服务，体现了以人为本的教育理念。高校要精心研究大学生成长成才规律，根据大学生不同阶段的特点进行针对性教育，发挥思想政治理论课教育主阵地的作用，把各项工作的出发点和落脚点落在育人实效上。

第三节　"思政格局"下的全方位育人

"大思政"格局下，全方位育人和全过程育人是紧密联系的，全方位育人是运用各种教育载体，开展具有不同特色的活动，将有形教育与无形教育相结合，把思想政治教育渗透到学生的学习、科研、心理、生活等方方面面，培养学生形成健康的人格、美好的品质、坚定的理想和高尚的情操。

一、全面凸显课程育人

思想政治理论课程是立德铸魂的关键课程，是引人以大道、启人以大智、育人以大德的人生大课，肩负着传道、授业、解惑的教育使命，也肩负维护国家意识形态安全、培养社会主义建设者和接班人的政治使命。思政课程是一门综合性课程，涉及内容广泛，思政课教学涉及马克思主义哲学、政治经济学、科学社会主义，涉及经济、政治、文化、社会、生态文明和党的建设等。思政课程是教学内容不断更新的课程，"国内外形势、党和国家工作任务发展变化较快，思政课教学内容要跟上时代，只有不断备课、常讲常新才能取得较好教学效果"[1]。思政课程是教学内容复杂的课程，"思政课上学生会提一些尖锐敏感的问题，往往涉及深层次理论和实践问题，把这些问题讲清楚讲透彻并不容易"[2]。思政课程的重要性、综合性、复杂性等特点，决定了思政课的教学要求高于其他课程。这就要求思政课教师具有贯通中西古今的大视野，要做理论联系实际的大先生，讲好思政课，

---

[1] 习近平. 论党的宣传思想工作 [M]. 北京：中央文献出版社，2020：378 – 379.

[2] 习近平. 论党的宣传思想工作 [M]. 北京：中央文献出版社，2020：379.

使思政课程成为大学生真心喜爱、终身受益、毕生难忘的课程。

专业课程也同样具有立德树人的重要作用。加强课程思政建设，发挥课程的思政作用是"守好一段渠、种好责任田"，使各类课程与思政课同向同行、形成协同效应的重要举措，也是德育与智育相统一，实现立德树人的根本要求。高校要推动以"课程思政"为目标的课堂教学改革，研究"课程思政"的内容与方法，进一步推进思政课程在人才培养中的全覆盖，发挥专业教师课程育人的主体作用，将课程育人作为教师思想政治工作的重要环节。

二、着力加强科研育人

高校科研育人的基本目标是"引导学生树立正确的政治方向、价值取向、学术导向，培养学生至诚报国的理想追求、敢为人先的科学精神、开拓创新的进取意识和严谨求实的科研作风"[1]。

第一，科研队伍育人。通过优化科研环节和过程，完善科研评价标准，建立教研一体、学研相济的科教协同育人机制，引导教师围绕教学做科研，鼓励科研反哺教学，发挥教师队伍科研育人主体作用，培养学生高尚的道德品质、独立的研究能力、卓越的开拓能力、严谨务实的治学精神、勇于突破的创新精神和攻坚克难的探索精神。

第二，科研成果育人。将科研与教学相融合，建立科教联动机制，将最前沿的科技知识和学科科技创新成果融入教材、走进课堂，通过多渠道、多环节向学生传授，实现前沿科研成果科普化。

第三，科研精神育人。用制度管理和精神传承提升科研工作者的学术道德和诚信水平，引导学生以"耐得住寂寞，坐得住冷板凳"的精神、脚踏实地、严肃谨慎的态度从事科学研究，培养大学生实事求是、坚持真理的科学态度和严谨踏实的治学精神，用科教榜样实例激发学生的创新精神、探索精神。

第四，科研实践育人。创新平台建设，开放实验室，整合校内外科技资源，吸引和鼓励学生参与科研活动，引导学生在科研工作环境中开展参与式、互动式和研究式的学习，积累实践经验，培养创新意识和能力。

---

[1] 中共教育部党组关于印发《高校思想政治工作质量提升工程实施纲要》的通知 [EB/OL]. 中华人民共和国教育部网站，2017 - 12 - 05.

三、扎实推动实践育人

《高校思想政治工作质量提升工程实施纲要》中提出实践育人的目标是"坚持理论教育与实践养成相结合，整合各类实践资源，强化项目管理，丰富实践内容，创新实践形式，拓展实践平台，完善支持机制，教育引导师生在亲身参与中增强实践能力、树立家国情怀"。❶

高校要加强实践育人总体规划，整合实践育人资源，形成实践育人合力。坚持知行合一，以强化实践教学为基础，推进教育教学改革，丰富实践育人内涵，推动学校教育同生产劳动和专业实践相结合，实现专业课实践教学、社会实践活动、创新创业教育、志愿服务等实践载体的有机整合，理论学习、创新思维与社会实践相统一。以搭建实践育人平台为依托，汇聚校内外实践资源，建设一批实践育人基地，打造一批社会实践精品项目，探索形成实践育人统筹推进工作格局。在道德实践中，培养学生服务社会、贡献社会的情怀；在专业实践中，提高学生的专业水平和创新能力。

四、深入推进文化育人

文化是一个国家、一个民族的灵魂。文化育人是高校思想政治教育内涵式发展的重要支撑。文化育人的主体由主管校园网络、广播站、校报的党委宣传部和信息管理中心、组织校园文化活动的学生工作部、校团委及各学院学生会、分团委等部门组成。各部门要相互协调，牢牢掌握高校意识形态工作领导权，突出思想政治引领，注重以文化人、以文育人，深入开展中华优秀传统文化、革命文化、社会主义先进文化教育，推动中国特色社会主义文化繁荣兴盛。学校要加强校风学风优化建设，繁荣校园文化，建设优美环境，弘扬真善美，滋养师生心灵、涵育师生品行、引领社会风尚。通过开展师生社会主义核心价值观主题教育活动，培育、选树和宣传社会主义核心价值观教育融入文化育人全过程，让师生理想信念更加坚定，践行社会主义核心价值观更加自觉，文化素养同步提升，获得感不断增强，校园更加文明和谐。

---

❶ 中共教育部党组关于印发《高校思想政治工作质量提升工程实施纲要》的通知 [EB/OL]. 中华人民共和国教育部网站，2017 – 12 – 05.

五、创新发展网络育人

随着网络的发展普及，网络成为校园文化的重要载体，高校育人工作已因"网"而变，网络育人成为学校育人的重要平台。运用新媒体新技术强化网络意识形态工作的凝聚力和引领力，充分发挥网络育人功能，成为高校思想政治教育工作的重要任务。

"随着互联网的快速发展，包括新媒体从业人员和网络'意见领袖'在内的网络人士大量涌现。在这两个群体中，有些经营网络是'搭台'的，有些网上发声是'唱戏'的，往往能左右互联网的议题，能量不可小觑。"[1] 校园网络育人的主体不再局限于宣传部、网络中心、团委、学工部、辅导员队伍，还包含教师和学生。前者是校园网络的管理者、生产者，他们的主要任务是管理好网络，引领学生主流思想，占领学生思想政治教育的主阵地，既要及时监督和清除"网络垃圾"、净化网络舆论环境，更要不断更新供给充满吸引力、感染力、说服力和启迪性的校园"网络文化产品"，营造丰富多彩、充满生机和活力的网络环境，并协调整合各类资源及时回应和解决广大师生特别是学生网民的合理诉求；教师学生是校园网络的"意见领袖"，主要责任是及时回应和正确引导网络舆情。[2] 所有网络育人主体要统筹谋划网络建设、网络管理、网络传播、网络引导、网络评论、网络研究等方面工作，强化网络意识，提高建网、用网、管网能力，加强阵地建设，构建校园新媒体矩阵；要培育优秀网络育人平台，加强网络文明素养教育，提升师生网络素养；要营造风清气正的网络育人环境，实现社会主义核心价值观的有效传承和网络行为的有效塑造。

六、精准渗透心理育人

心理育人以马克思主义关于人的全面发展理论为指导，在尊重学生成长成才规律和心理发展规律的基础上，把心理学原理与方法渗透到高校育人全过程，注重对学生的人文关怀和心理疏导，培养学生良好的心理素质，实现人格健全发展，培育自尊自信、理性平和、积极向上的健康心态，实现"育心"与"育德"有机融合，最终培养担当民族复兴大任的时代新人。[3] 高校心理育人的主体包含心理健康教育专职教师、一线辅导员、专业

---

[1] 中共中央文献研究室. 习近平关于社会主义政治建设论述摘编 [M]. 北京：中央文献出版社，2017：135.

[2] 朱平. 高校"三全育人"体系协同与长效机制的建构——以全员育人为中心的考察 [J]. 思想理论教育，2019（2）：96-101.

[3] 陈虹，潘玉腾. 立德树人视域下高校心理育人价值及其实现路径 [J]. 思想理论教育，2019（5）：86-89.

课教师、学生朋辈队伍以及学生个体等群体，各类心理育人主体协同合作形成全员心理育人格局。心理育人首先要求将心理健康教育融入学生日常教育管理各方面，构建教育教学、实践活动、咨询服务、预防干预、平台保障"五位一体"的心理健康教育工作格局。其次，加强心理健康知识教育，把心理健康教育课程纳入学校整体教学计划，力争心理健康知识教育全覆盖。再次，强化咨询服务，积极构建教育与指导、咨询与自助、自助与他助紧密结合的心理健康教育与咨询服务体系。加强预防和点—线—面三级心理育人体系干预，开展学生心理健康素质测评，建立"四级"预警防控体系，完善心理危机转介诊疗机制，建设心理健康教育素质拓展培养基地。最后，开展宣传活动，营造心理健康教育良好氛围，提高师生心理保健能力，着力培育师生理性平和、积极向上的健康心态，促进学生心理健康素质与思想道德素质、科学文化素质协调发展。

七、切实强化管理育人

管理育人是高校管理部门和管理人员、班主任、学生干部等通过管理者的角色行为，对被管理者（主要是学生）、管理者自身及其他人员在德、智、体、美、劳方面施加影响，使其趋向高校育人目标的过程。管理育人的主体主要是各管理部门和管理人员、班主任和学生干部。管理育人要求育人主体在工作中增强育人意识，把规范管理的严格要求和春风化雨、润物细无声的教育方式结合起来，把思想政治教育融入日常管理工作，以学生为本，为学生的成长成才服务。高校行政管理人员通过加强教育立法、依法治校，为学生提供有序的教学管理服务，保障学生的正常学习和生活，通过规范高效管理，使之养成遵纪守法的习惯；高校教师在日常教学中要为人师表、以身作则，管理学生和课堂，通过科学的课堂管理，培养学生端正高效的学习习惯；高校辅导员通过对学生进行日常管理，培养学生文明自律的习惯。各管理部门都要强化科学管理对道德涵育的保障功能，用心、用力、用情将各项工作做细、做精、做实，久久为功，大力营造治理有方、管理到位、风清气正的育人环境，培养自律、尊法、守法、文明的新时代大学生。

八、不断深化服务育人

高校服务育人的主体主要是学校后勤工作人员、图书馆工作人员、校医院工作人员、保卫部门工作人员等教辅人员。他们通过为师生提供饮食、住宿、阅读、就医等校园服务保障学校正常教学工作。高校要研究梳理各类教辅部门所承载的育人功能，强化育人要求，明确育人职能，各岗位在聘用、培训、考核等各环节要制定育人工作职责要求，建立后勤、图书、医疗保卫等多部门服务协同机制，共同落实育人要求。后勤工作人员要为学生提供安全、清洁的居住、饮食、交流环境，保障学生的衣食住行，培养学生爱校如家的积极情感；图书馆人员要为学生提供优良的阅览学习环境，及时更新阅读资料，培养学生文明有序的阅读习惯和高雅的审美情操；校医院要为学生提供科学有效的健康指导和治疗方案，保障学生的身体健康。校园各服务部门和人员要深入发掘岗位所承载的育人功能，坚持"以美育人，环境育人"，将育人元素融入服务工作全过程，把解决实际问题与解决思想问题结合起来，推进服务工作"供给侧"改革，提升服务保障水平和质量，围绕学生、服务学生、关爱学生、根据学生成长发展需要，积极应对学生的各类复杂问题，帮助学生解决学习生活中的实际困难和合理诉求。

九、全面推进资助育人

高校要进一步创新资助育人体系，实施文化资助和精神资助"双提升"行动，构建"物质资助、精神引领、能力提升""三位一体"的长效多元资助育人模式，把立德树人根本任务融入学生资助工作全过程。首先，要夯实保障型资助，在兜底保障基础上提高资助的精准度和人性化，构建家庭经济困难学生认定体系标准，建立国家资助、学校奖助、社会捐助、学生自助协同发展的资助体系，有机融合显性资助与隐性资助，培养大学生的奋斗精神和感恩意识。其次，要完善发展型资助，资助育人重在将"扶贫"与"扶志"相结合、"扶困"与"扶智"相结合、"输血"与"造血"相结合，在帮助学生解决经济困难的基础上，更要关注学生的人格养成、道德品质和精神追求，培养学生自立自强、积极乐观、勇于担当、回报社会的良好品质。最后，要探索奖励型资助，发挥资助的"奖优"功能，把奖优助困与激励扶志相结合，搭建以助学金为主载体的感恩教育平台、以奖学金为主载体的专业成才平台、以助学贷款为主载体的诚信育人平台和以勤工助学为主载体的能力提升平台，构建物质帮助、道德浸润、能力拓展、精神激励有效融合的资助育人长效机制，引导学生树立远大理想，心怀"国之大者"，为回报社会、奉献国家注入青春能量。

十、积极优化组织育人

思想政治工作的顺利开展有赖于高校各组织机构的通力合作。高校组织育人的主体主要是各级党组织、团组织、社团和班级组织。各级党组织是关键因素，通过校党委、院党组织、基层党支部三级联动组织，贯彻立德树人的根本任务，发挥高校党委领导核心作用，坚持和完善党委领导下的校长负责制，贯彻落实党的教育方针，建立健全科学的党建工作领导体制和工作机制；发挥院党组织政治核心作用，建设分工有序、团结精干的领导集体，提升组织工作能力和决策水平；发挥基层党支部战斗堡垒作用，加强基层党组织对党员的教育管理作用和对广大学生的思想引领作用。各级团组织在党委领导下，形成党、团、班"三位一体"的协同工作机制，积极响应上级党组织号召，以党建促团建，团建带班建，广泛开展行之有效的思想政治教育工作。高校各组织机构资源共享、优势互补、责任分担，充分发挥不同类别组织的育人功能，以良好党风、校风引领教风、学风建设，引导广大学生做社会主义核心价值观的坚定信仰者、积极传播者和模范践行者。

总之，全方位育人就是统筹办学治校各领域、教育教学各环节、人才培养各方面、管理服务各层级的育人资源和育人力量，构筑党委统一领导、部门分工负责、全员协同参与的责任体系，积极发挥高校党组织、团组织、各班级协同育人的组织优势，畅通主渠道、筑牢主阵地的同时，凝聚全方位育人合力。

"三全育人"是"三位一体"的大学生思想政治教育新理念、新格局、新体系，整合了学校、家庭、社会和学生的多方教育资源，形成思想政治教育贯穿学生成长过程的时间和空间的融合，德育与非德育课程贯通的局面，构建起"大思政"的育人格局，生动阐释了高校应"怎样培养人"这一问题。高校要以"大思政"的格局和视野开展思想政治教育工作，以"三全育人"的一体化设计为导向，统筹学校、家庭、社会、自我的育人资源，形成全员育人的共同体；紧抓全过程育人关键环节，将思想政治教育贯穿学校教育教学各环节和学生成长的全过程；充分发挥课程、科研、实践、文化、网络、心理、管理、服务、资助、组织等多方位育人资源与优势，使思想政治教育贯穿学科体系、教学体系、教材体系、管理体系，构建内容完善、标准健全、运行科学、保障有力、成效显著的高校思想政治教育工作体系，形成全员、全过程、全方位育人的良好氛围和工作机制，聚焦立德树人的根本育人目标。

第四章　高校思想政治教育教学研究

第一节　大班授课的课堂组织模式

目前在我国很多高校的思想政治理论课授课过程中，大多采用大班授课方式，由于大班授课存在学生人数较多、教室空间较大等条件限制问题，师生互动交流就存在不太顺畅的问题。因此如何在大班授课过程中增加学生的参与活动，取得良好的教学效果，是大班授课教师必须要解决的现实问题。

一、大班授课课堂组织实施遇到的问题

据我们了解，目前高校思想政治理论课中的四门主干课程和《形势与政策》选修课程大多都采用大班授课方式。以潍坊学院为例，四门主干课程班额几乎每学年都在 100 人以上，而《形势与政策》选修课程班额则更多，有时接近 200 人。在人数众多的大班授课条件下，组织课堂教学并取得好的教学效果显然存在一定的客观难度。

（一）人数众多使教学组织难度加大

在 100 多人的大教室里授课，如果要进行分组研究、讨论、合作学习等教学活动，实

施起来就比较困难。例如，有一次我在教学过程中进行一个团队合作的"红黑"游戏活动，这个活动要求把学生分成几个小组，人数还不能太多，因为人数太多会影响讨论结果的产生。而班上的学生当时是120人，没办法，就分成了12个小组，10个人在选择"红"还是"黑"的讨论过程中就会产生比较大的分歧，明显延长了游戏时间，而一节课的时间是50分钟，这样的教学组织活动明显是影响教学效率的。同时由于人数比较多，教师在组织教学活动时要兼顾绝大多数学生，这也必然会影响到一部分学生的注意力和学习效率。

（二）教学空间较大影响教学效果

大班授课的教室一般都会安排在高校的阶梯大教室或能容纳几百人的合堂大教室，座椅一般都是固定的长排椅。潍坊学院和南开大学都是在能容纳200多人的大阶梯教室中安排思想政治理论课。在这样空间特别大的教室中授课，教学效果明显受限。较为明显的表现是：

第一，教师要使用扩音设备，才能保证所有学生能听清讲课内容。有的扩音设备只安装在讲台的多媒体台面上，教师只能站在讲台上，否则就影响讲话音量。例如，在南开大学实地调研过程中，有一位教师在师生互动中站在阶梯教室的走廊上，与学生交流时，只有邻近的同学能听见，距离稍远的同学什么也听不到，学生就只能干一些其他事情。同时由于有时多媒体设备出现运转问题，教师的声音感觉时断时续，严重影响学生听课的效果。

第二，由于教室空间太大，教师无法近距离和学生直接交流，只能泛泛地提问学生，导致师生之间缺乏互动。

第三，在进行分组讨论时，由于受桌椅的限制，学生无法围拢在一起，往往是一组学生讨论时，只有几个座位相近的同学讨论，座位稍远的同学无法参与其中而无所事事，好像这一教学活动与他们无关。

第四，同时在空间大的教室，学生众多，座席分散，学生与教师距离遥远，导致学生课堂上从事多项与课堂教学无关的活动。通过跟踪调查发现，在大班课堂上经常发现有一部分学生在使用笔记本电脑，进行的是与课堂教学无关的活动，有的在写论文，有的上网聊天，有的还在看电影。还有数量众多的学生在玩手机，有的学生在做数学或者其他作业，有的学生在背英语单词，当然，还有睡觉的学生。

（三）大班课堂学生积极性难以调动

在大班授课过程中，教师提问学生问题的难度加大，如果不是点名提问，师生互动显得比较欠缺，学生积极性很难调动。因为在较小范围的同班中学生比较熟悉，容易发表观点，不怕说对或说错。但在大班中，往往是一个院系同年级几个班的学生聚集在一起，甚至是不同院系的合堂课，学生怕自己的表现不理想，影响自己的形象，显得比较拘谨，所以教师在组织讨论和提出问题时就很难达到预期的教学目的。

（四）人数众多导致师生感情交流少

高校思想政治理论课教师所承担的是全校的公共基础课程，授课对象是全校学生，涉及全校所有院系部。有的教师一学期承担多个院系的教学工作，学生总人数可能多达几百人。如果教师课前不能了解学生的基本情况，传统的教师在讲台上讲，学生听和记笔记的授课模式没有根本改变的情形下，两节课结束后，教师和学生的交流机会甚少。一学期结束后，可能教师会不认识绝大多数学生，这样无法增进教师和学生之间的情感交流，教师无法了解学生的思想动态和真正需求，致使我们教学的实效性受到极大制约。

二、大班授课具体的课堂组织模式探究

面对如此众多的学生，传统的教学方式仍占主导方式的条件下，如何实现师生互动，引导学生积极参与课堂教学活动，真正发挥思想政治理论课的作用，这是所有高校思想政治理论课教师需要研究的现实问题。

（一）创新教学理念

我们一直强调要创新教学理念，但在实际的教学过程中，又有多少教师真正做到这一点？但这一点又恰恰是创新大课课堂组织模式，取得良好教学效果的前提条件。"性格决定命运"，性格是一个人在现实的稳定态度和习惯化了的行为方式中所表现出来的个性心理特征，而这种性格就是一个人内心理念的外在表现，因此有什么样的理念就会有什么样的行动。作为在教学过程中起主体作用的教师必须不断创新自己的教学理念，与学生同步，与时代同步，乃至超前于学生，领先时代发展，否则真的会被淘汰。

思想政治理论课具有很强的时效性，大班授课教师无论在教学内容、教学方法还是教学组织管理方面都要不断创新，根据社会发展变化，根据学生需求变化不断进行调整。例如，潍坊学院在教学内容上，以教材教学大纲为依据不断补充即时发生的重点社会热点问题，最新的科研成果，《毛泽东思想和中国特色社会主义理论体系概论》课上补充的"一周新闻扫描"专题特别受学生的欢迎。"一周新闻扫描"专题时间和形式都不固定，每位任课教师根据实际情况自行确定教学形式和时间。有的教师安排在正式讲课前，有的教师安插在相关教学环节中，有的教师制作成 PPT，有的教师以新闻播报形式出现，有的教师让学生自己查阅有关资料并在课堂上向全体学生讲解。这一创新教学理念刚开始在潍坊学院个别院系、个别教师中进行，经学生认证认为是《毛泽东思想和中国特色社会主义理论体系概论》课程中最具吸引力、最具时效性和实效性教学环节后，开始在《毛泽东思想和中国特色社会主义理论体系概论》课堂全面实施。这一创新环节的实施即使是在大班课堂、人数很多的情况下教学效果仍然非常好。

（二）多维互动教学模式

大班课堂教学过程中由于受一定条件限制，互动虽有一定的难度，但只要师生积极探寻有效途径和方法，同样也能达到很好的教学效果。

师生互动。教师可以在课前进行学生调查，梳理学生的疑难问题和最迫切需要解决的问题，课堂统一解答，让学生听课有的放矢。同时在课堂教学过程中可以直接对某一原理和社会疑点让学生充分发表自己的观点和看法，然后教师加以分析和引导，这样能有效做到原理和实际问题的有机结合。例如，针对美国政府关门事件，教师可以引导学生思考美国政府关门的原因和影响，并分析中国和美国两种不同社会制度的运行。学生既对这样的问题感兴趣，积极参与讨论，同时通过教师对比分析又可以让学生了解我国政治制度的优越性，这比单纯讲解我国政治制度的优越性更容易让学生接受和理解。同时教师还可以利用 QQ 平台和微信平台实现与学生的交流，由于学生人数众多，有时师生面对面交流很困难，但 QQ 平台和微信平台却可以实现师生之间的无障碍交流。

生生互动。学生与学生之间更容易交流与探讨，教师可以将学生分成若干学习小组，在小组内部，学生通过分工与合作共同完成某项具体学习任务，既锻炼了学生的自主学习能力，还锻炼了学生的团队意识。例如，潍坊学院的《思想道德修养与法律基础》课程把学生分成若干小组，一般以宿舍为小组，共同制作一个以"爱国主义"为主题的PPT，制作完成后，小组推选一位代表在课堂上进行演示并讲解，全部结束后，所有学生参与项目评比，这种方式极大地调动了学生的参与意识。

人机互动。人机互动既包括课堂内也包括课堂外。目前高校的大班教室几乎全部都有多媒体设备，教师可以充分利用这一现代化手段调动学生的兴趣及参与意识。教师制作的课件不应照搬教材，当然也不应使用图、音、视频过多干扰学生的注意力。教师要充分利用多媒体设备，在有限的两节课的时间里，让学生通过更加感性的方式（如恰当的图像和视频）理解一些抽象的原理。在课后可以让学生进入有关的课程网站查阅有关资料，浏览相关的教学内容，与教师进行探讨与交流。

（三）情景模拟教学模式

情景模拟教学对师生的要求非常高，是案例教学法的进一步延伸，对师生自身素质的提升极大。高校思想政治理论课可以在一学期进行两次左右的情景模拟教学，通过情景模拟教学可以让学生置身于相对真实的环境中，激发学生自身潜能，感受整个过程并体会日常学习过程中触及不到的经验和教训。

情景模拟教学模式首先对教师要求比较高，教师要选择同所授课程内容相近的案例，模拟时间须在课堂之内，且具有可操作性，同时要求案例能提供给学生足够的思维空间。在进行所选案例模拟前，教师本人必须对案例过程非常熟悉，对可能出现的状况准备预案。在进行过程中既不参与打断整个流程，又能驾驭整个过程，以免出现失控现象，影响教学效果，对学生最后提出的各种见解给予恰当的评价。同时情景模拟教学模式对学生要求也比较高，需要学生在课余时间做大量的准备工作，根据自己承担的角色不同，进行相应的准备，同时还要积极应对别的角色对自身的挑战。例如，我们曾经在课堂中进行过"面试模拟"教学，面试题目是三道题，内容都是涉及思想政治理论课的内容，准备和回答问题的时间是15分钟。从两个班大约100名学生中自愿报名选出10名学生承担考生角色，7名学生承担考官角色，2名考生承担成绩统计与审核角色，2名学生承担计时员角色，2名学生承担公证员角色，4名学生承担命题者角色，4名学生承担组织者角色，其余学生在所有考生面试完毕之后教师以随机提问方式承担点评员角色。这样既能保证角色参与者真正体会所承担的角色，又能调动角色演练者积极参与整个活动。整个"面试模拟"教学过程严格按照真正的面试现场组织，经过这样的情景教学后，学生才即能明白知识和能力的重要性，又能明白如何通过基本原理表达自己的政治观点才能为社会所接受，对思想政治理论课有了实际的理解。

第二节　高校学生党建工作教学模式研究

随着书院制管理模式在一些高校的实行，学生社区已经形成了包含住宿区、商业区、休闲娱乐区等涵盖多种功能在内的校园特定区域。这类社区将传统的学生宿舍场所转变成为具有特定职能的多功能社区，这种开放式的书院社区管理模式，相比传统的行政主导和半社会化的管理模式，更尊重学生的主体地位，它已经不再是传统意义上的学生住宿场所，而成为了学生学会做人、交流思想、共同成长的重要场所。

《中共中央国务院关于进一步加强和改进大学生思想政治教育的意见》中明确指出："要高度重视大学生生活社区、学生公寓、网络虚拟群体等新型大学生组织的思想政治教育工作。"书院制社区建设作为高校的一种流行趋势，导致了以院系班级为单位的党建工作越来越不能满足要求。因此，推进党建工作进书院社区，是当前高校党建工作必然要面临的问题，也是不断深化教学体制改革，实现高校学生思想政治教育工作阵地合理转移的必然要求。

一、当前高校学生社区党建工作存在的问题分析

（一）对社区党建工作的重视性未凸显

在以往的学生公寓社区党建工作中，部分高校过多重视党员发展程序和集中性的政策传达和座谈学习，以解决大学生群体的不和谐问题——就业问题、心理问题和网瘾问题为主，忽视创建公寓社区党建长效运行机制。再加上很多高校管理工作者认为以院系班级为基本组成单位开展的学生党建能够满足学生党建和思政工作的需要，学生宿舍只是他们日

常的生活场所。高校在对学生宿舍的日常管理工作中，也只是关注宿舍设施的投入和环境的改善，对社区学生党建工作的重要性、必要性和紧迫性的认识不足，学生社区党建工作缺乏人力、物质、经费等必要的基本保障，导致了高校学生社区党建工作的手段单一，缺乏活力。

（二）社区党建工作运行机制不健全

目前高校的学生公寓管理方式主要有学校全面管理型、学校参与管理型、外包管理型三种方式。而多数高校采取的学校参与管理和外包管理的方式虽然能在一定程度上降低学校办学风险、减少人力成本和管理压力，但这种管理模式也有很大的弊端：社区范围内学生思想政治教育的引领工作存在职责不清、推诿扯皮、效率低下、针对性和实效性不强等问题。工作也普遍停留在表面，肤浅和笼统化现象严重，并不能解决实际问题，党支部的战斗堡垒作用和党员的先锋模范作用也没有很好发挥，工作效果欠佳。

（三）社区党建工作保障机制不完善

当前，网络新媒体技术大大改变人们的思维习惯和价值观念是不容忽视的事实。大学生现在的学习、生活、娱乐、消费等已经离不开互联网了，网络已成为高校学生思想政治教育的重要载体和阵地。但遗憾的是目前的学生社区里，网络的最大作用几乎仅成为学生进行网络游戏、观看影视和购物消费的方式，缺乏相应的社区学生党建工作网站。部分高校虽然也建立了学生党建工作网站，但往往因内容呆板、针对性不强、不吸引眼球、更新迟缓，而导致无人浏览的尴尬局面。

二、高校党建工作进学生社区的必要性分析

当前各大高校普遍进入了"00后"时代，这群在网络环境下成长起来的新一代，其个性心理、意识形态、道德素质、政治修养等方面也呈现出多样性和不稳定性，在价值取向上不同程度存在着重物质利益、轻思想道德修养的倾向，这给高校的党建工作带来了极大的挑战，更给新形势下的学生党建工作提出了更高的要求。而且我国正处于急剧的社会转型期，各种思潮泛滥，因此在学生社区建立党组织，形成一套完善的党建工作长效机制，既是开展高校思政工作的有效途径，也是发挥党支部战斗堡垒作用和保持共产党员先

进性的重要阵地，同时它对于书院社区功能的发挥也起着重要的促进作用。

（一）完善党的基层组织建设，发挥高校党支部的战斗堡垒作用

传统的学生党建工作是基于院系专业为单位设置党支部、党小组，开展学生党建与思想政治工作，学生宿舍很少划在党建工作范围之内。但是随着学分制的不断推进，传统意义上的院系、班级概念逐渐淡化，学生社区成为学生日常学习、生活与娱乐的重要场所，变成了学生管理的重要阵地。因此，高校要紧密结合自身实际，积极探索实施社区化管理下学生党建工作，充分发挥其在服务、育人方面的引导作用。一方面，通过社区基层党组织把来自各院系、年级、专业的学生广泛团结起来，充分调动他们的积极性，开展各类丰富多彩的社区活动。另一方面，通过社区基层党组织及时了解掌握学生在社区内的思想动态、日常行为养成情况等，发现矛盾和问题就及时采取切实有效的措施进行处理，将一切不安全隐患消除在萌芽状态，对于社区基层党组织的凝聚力与战斗力提升也有重大意义。

（二）加强对学生党员的培养考察和监督管理，保持共产党员先进性

高校中的学生党员理想信念坚定，身负表率带头责任，是进步群体的代表。但是在目前的大学生党员培养考核管理模式下还存在一定的偏差。例如，将教育对象集中于高年级学生身上，而这部分学生又因为忙于毕业各种事宜，无法全身心去发挥党员的先锋模范带头作用。同时由于各类社会因素的影响，一些学生的入党动机功利化倾向很明显，并且高校重视党员发展而忽视党员教育工作的现象也很突出，党员的持续性教育工作出现脱节，这容易造成学生入党之后出现思想放松、行动松散的现象。在学生社区开展党建工作，将第二课堂与党建工作有效融合，根据学生群体的不同开展阶段性的教育，有利于学生党员教育的持续性发展。同时，学生党员在书院社区管理模式下，在社区学生自治组织的框架结构下，能够变工作的被动为主动，主动接受党组织安排的各项工作，促使他们联系群众，接受监督，强化党员服务意识，提升自身党性修养，从而保持党员的先进性。

（三）维护学生社区安全稳定，实现高校思想政治教育工作阵地合理转移

学生社区是学生思想交流最活跃、最频繁的场所，是高校中思想政治教育的重要阵

地，也是高校安全稳定工作的重要场所。来自不同地域的数千大学生居住在一个社区里，社会经验的缺乏导致他们在面对一些冲突和突发事件时容易受到不良思想和情绪的影响而产生过激行为。纵观近年几起高校安全稳定事件，大学生社区已成为高校安全稳定事件的多发区域。党建工作进社区，对于加强大学生的政治教育，树立科学信仰，形成对自我和他我的客观认识，塑造科学的"三观"，维护社区的安全稳定具有重要意义。同时通过党建工作进社区，可以加强学生社区思政工作的力度，发挥党员先锋模范的渗透作用。与此同时，学生党员在社区里接受其他同学的监督，有利于学生党员树立良好的形象，起到良好的"传、帮、带"作用。

（四）发挥书院制管理模式优势，进一步拓展书院社区的发展功能

书院制管理模式是将通识教育和专才教育相结合，力图实现均衡教育，并建立可以承担对学生思想政治教育与行为养成的生活社区的一种学生教育管理制度。在书院社区环境下开展学生党建工作，形成"有党员的地方就有党的声音"，通过学生党员的传、帮、带，引导带动更多的学生参与到社区自治中来，有利于进一步深化书院社区管理水平，推动学生社区的精细化管理。同时，还可以有效利用书院"第二课堂"灵活多样的授课方式，通过研讨会、学术沙龙、公益活动等形式，创新党课教学模式，增强其吸引力，深化书院的第二课堂教育内容。除此之外，党建工作进社区能够提升书院社区学生自治水平，推动基层党组织参与学生社区管理的活力，弥补高校后勤社会化管理过程中存在的"重物质建设轻文化建设""重管理轻育人"等问题，对促进高校后勤社会化和谐发展也具有重要意义。

三、基于书院社区的高校学生党建工作创新路径

基于书院社区的高校学生党建工作要根据社区的特点，坚持学生主体地位和学生自治的原则，充分运用社区的活动机制，发挥社区党建工作的组织优势、阵地优势和活动优势，调动多方面力量，以丰富的第二课堂活动开展学生社区党建工作，使得高校对大学生的教育培养和考察工作"落地生根"，扎实有效。同时学校还要为社区提供开展党建工作所需要的系列配套措施，确保社区党组织的教育、服务和管理作用发挥到位。

（一）强化党建阵地建设，构建社区党建"网格化"管理系统

党支部是基层党组织，社区党建工作的开展需要依托党支部的推动。以往以"校党委—院（系）党总支—学生（年级）党支部—党员"为主线的学生党建工作体系虽然较好地保证了党支部战斗堡垒作用和党员先锋模范作用的发挥，但是它与当前书院制下社区党建工作的要求不是很切合，这就需要我们积极地探索学生社区党建工作新模式，把高校中党的工作延伸到学生社区，将党组织的影响力渗透到学生学习、生活的方方面面，从而促进大学生的健康成长。

网格化的社区党建工作体系是指，在书院社区组织架构中借鉴城市管理中的"网格化"概念，按照不同的标准将书院社区划分为单元网格，在各个网格上建立党组织，发挥党员主体作用，密切大学生党员与广大团员青年的联系，推进高校党建工作全覆盖。在书院社区里设立党总支、党支部、党小组，按照社区—楼栋—楼层—宿舍的金字塔结构将所有的学生党员、积极分子和团员在社区范围内纳入相应的党组织管理网格中，社区建立公共的党建活动室、资料室、会议室，每个月由相应的楼栋党支部承办党建活动，发挥党员主体作用，覆盖整栋楼的学生群体，并在所属片区内形成宣传、教育、活动为一体的党建网格服务管理模式。在设置学生社区党总支的同时，保留各二级学院党总支，两者职责分明，制度健全，对大学生党员实行双重监管，学生社区党总支以第二课堂为主线，重点做好大学生在大学生社区里的日常教育与管理、党团组织建设和素质拓展等育人工作。二级学院党总支以第一课堂为主，重点做好课堂、学风和学生的科技创新、就业指导等育人工作。

（二）强化党建工作队伍建设，多主体参与社区党建共治

书院社区党建工作的开展需要一支政治过硬、本领高强的党员工作队伍。高校学生社区党建工作建设中要重视这支队伍的组建与发展。高校学生社区党建重点在基层，难点在于如何有效发挥基层党组织在社区党建工作中的作用，关键是要在新时代背景下如何形成一股能够引导书院社区党建队伍发展的力量来应对高校基层党建工作面临的各种新问题和新挑战，从而形成高校社区党建工作创新发展的长效机制。

强化书院社区的党建工作队伍建设，关键是要促进多主体参与社区党建共治，发挥

"多导制"的导向作用。社区党建工作共治主体包括了社区辅导员、导师和导生。社区辅导员及时掌握学生思想状况和行为规范，及时做好推优、审核和考评工作。学生的一言一行都要接受监督，一旦发现有违规违纪行为及时给予批评教育，从源头上杜绝思想松懈和行为懈怠，通过外力督促学生将党章内化于心。具有学科背景的专任教师担任社区导师入住社区，通过走访学生宿舍和日常与学生沟通交流，学生与导师之间建立深厚的友谊，良好的师生关系对学生品德的培养、学业的提高、身心的发展都有极大帮助。导师定期在书院内开展党建专题系列讲座，针对学生关注的热点、难点展开交流讨论，有利于提高社区学生的文化力、凝聚力和向心力，保证党建工作质量。品学兼优的高年级学生担任社区导生，带头践行社会主义荣辱观，通过榜样的作用，潜移默化地引导学生。

（三）完善社区党建激励机制，扎实落实党员持续性教育

由于受到各种社会因素的影响，新时代背景下的大学生入党动机存在功利化倾向，因此要想确保党的先进性和纯洁性必须进一步完善学生党员的发展考核机制。群众座谈和思想汇报等形式的传统考核机制对学生的群众基础、生活作风和思想状况这三项的考核有效性较弱，导致一些信念不坚定的学生"入党前埋头干，入党后松一半"。因此，需要建立一套覆盖学业成绩、群众基础、生活作风、思想状况、工作能力等全方面学生党员发展考核机制。

书院社区的学生党建工作要想达到良好的预期效果，必须要构建基于社区的党建工作激励机制。

第一，借助"多导制"深入考察学生，将党员发展的入口关和质量关把牢。社区辅导员和社区专业导师通过长时间与学生的接触，能够对学生的世界观、人生观、价值观，对学生的政治信念和社会理想进行深入考察，并对他们起积极的引导作用。导生通过对学生在社区中的日常行为表现进行考察，可以将其各方面表现纳入党员发展考核机制。

第二，多渠道、多形式发挥学生党员的先锋模范作用。在书院内设置党员工作站和党员工作小组，以党员"1＋N"服务岗、党员"4S"服务队和党员先锋寝室等为组织基础，把党员身份亮出来、党员标杆立起来、党员作用显出来，做表率的同时接受大家的监督。

第三，借助在社区开展的"第二课堂"教育，开展阶段性的党员教育工作，确保党员教育的持续性。按照学生发展阶段的不同，针对性地开展理想信念、入党动机、党的宗

旨、政治意识和党的历史等党员教育，并重视教育过程中理论和实践的相结合。

第四，严格党员队伍考评机制，强化制度建设。设立严格的党员考评制度，建立健全相关工作领导小组，实施书院学生党员学分制考核，在学生党员的政治素质、能力素质、作用发挥方面分点分块，纵横结合，综合评分，让党员队伍正确认识考评的目的和意义，更好地提升自我，在实践中成长，从而达成完善书院社区党员队伍发展的目的。

（四）适应新媒体技术，开启社区党建工作"微时代"

传统的党建工作媒体传播速度缓慢，传播面狭窄，已经跟不上新时代会熟练运用微信、微博等新媒体大学生群体的需求。而新媒体技术的运用则为高校党建工作者提供了机遇，它能突破以往烦琐的程序制约，创新性地进行党的理论、方针和政策的传播，为党建信息资源的数量和质量的提升搭建了良好的平台。

在新媒体技术引领的"微时代"背景下，书院社区党建工作应抓住这一趋势，借助"微平台"探索"微思政"模式，拓宽"微平台"矩阵，推动党建工作联网上线，实现党建工作的全天候实时信息捕捉和传播，突破时空限制，提高党建工作的覆盖面和影响力，增强党建工作的时代感和吸引力。利用新媒体渠道为学生搭建党员学习平台和互动平台，构建和打造学生党员课内与课外、校内和校外、一体化零距离的网络思政教育互动空间；利用微信公众号和 QQ 群、官方微博等，设立"网络微课堂""党员风采""创新项目"等学生喜闻乐见的栏目，以此来打造党建工作品牌；同时还要学会利用书院学生社区物理空间和虚拟空间相结合的优势，加强对网上舆情的监控和正向引导。

（五）以学生自治为基础，第二课堂活动为载体，促进党建活动与形式创新

传统的学生党建活动方式单调枯燥，单纯的政治理论学习和灌输式的讲授活动占据偏多，党建工作的实效性发挥甚微。而且党建活动的约束性太强，学生党员缺少互动交流的平台，从而造成了高校学生不愿意参加各类党建活动。在书院社区治理模式下，学生主体地位得到凸显，形成了完善的学生自我管理体系，他们自我教育、自我管理、自我服务和自我监督的能力也得到了极大提升，这些都有利于学生党员在社区服务实践中锻炼党性，提升意识。

同时，在书院社区治理模式下，各类导师导生融入社区中，他们与学生交流沟通比较多，能够充分了解大学生的心理和思想状态，了解他们关注的国际、国内、校园的热点问题，指导学生自主开展各种有益心智、突出特色的书院党团活动，从而为创新书院社区的学生党建活动打下坚实的基础。例如，开展"第二课堂"博雅教育，结合大学生健康成才需要，挖掘党建活动的思想性和知识性，增加活动创新的品味和深度。根据青年学生的志趣，添加党建活动的趣味性，增加活动创新的吸引力，如"党员示范寝室评选""党史我来讲""党章在心中"等活动。可以创建党建文化连廊、党员学习屋、党建资料室等实体场所来加强对学生的文化熏陶和思想引领。可以通过召开党员寝室代表大会，及时倾听党员心声，了解学生需求，激发学生党员参与社区治理的积极性和主动性。通过上述系列活动的开展，能够引领书院全体师生积极贯彻执行党的教育方针，激发学生奋发向上、积极进取的精神，培养他们良好的道德品质，提升他们的政治觉悟。

第三节　高校思想政治教育教学的思考

新时代，价值观的多元化是一种客观存在，但在教育教学中，教育者必须确定一种核心价值取向，那就是社会主义核心价值观。但现实中，多元化的价值观给教师特别是高校思政课教师增加了工作难度。习近平总书记曾指出，青年是"标志时代的最灵敏的晴雨表""青年的价值取向决定了未来整个社会的价值取向"。今天的大学生已不像以往时代的大学生那样一呼百应，如果教育工作者也是随声附和，在工作中不能积极寻求解决问题的方法和途径，势必会丧失工作的积极性、主动性和创造性。面对新形势，高校思想政治教师应在继承和发扬优良传统的基础上，在教学方法和途径等方面进行创新和改进，改变单点着力的传统工作思路，不囿于传统课堂教学的局限，努力形成内涵丰富的"思政大课堂"。特别要在增强时代感，加强针对性、实效性、主动性上下功夫。

众所周知，高校思想政治教师要在理论和实践教学中，结合学生身心特点，以入脑入心的方式将社会主义核心价值观融入教学工作中。但如何融入？怎样融入？是千篇一律抑或是殊途同归？很明显，殊途同归的教育教学模式是共识，在教与学中，我们既要分析矛盾的普遍性，又要分析矛盾的特殊性。

黑格尔赋予"扬弃"一词以肯定和否定的双重哲学含义，并用来构建自己的全部哲学体系。马克思主义唯物辩证法继承了黑格尔辩证法的思想成果，并以这一概念来表述唯物辩证法的否定观的实质，除旧布新、推陈出新成为事物发展的必然规律，然而新事物对旧事物的否定并不是绝对的肯定，也不是绝对的否定，而是既克服又继承、既抛弃又保留的辩证过程。本书从教学内容、方法、途径、教师自身等方面的"扬弃"展开研究，以图提升思政课教育教学质量。

一、教学内容的"扬弃"

当前，高校思政课教学所采用的教材都是全国统一的马工程重点教材，实践不断发展的同时，理论也在不断发展创新，但某些时段，教材的修订并不及时，存在一定滞后性，这就要求思政课教师把握时代节奏、紧跟理论热点，不断丰富发展教学内容。

（一）理论素养的不断提升

必须高度重视理论的作用，增强理论自信和战略定力。作为高校思想政治教师，理论水平的提升、教学业务的熟知依然是提高教学质量的关键。随着中国特色社会主义实践的发展，特别是新时代，我国社会主要矛盾从"人民日益增长的物质文化需要同落后的社会生产之间的矛盾"转化为"人民日益增长的美好生活需要和不平衡不充分的发展之间的矛盾"。大学生同样需要这种"日益增长的美好生活需要"，要提升学生的获得感，首先需要高校思政课教师不断夯实理论基础、增强理论自信、提升理论素养。

现阶段，理论素养的提升需要马克思主义理论的丰富发展，特别是不断学习和践行习近平新时代中国特色社会主义思想。在马克思主义理论研究上坚持求真、求实、求新，主动回应学生的关注热点。

（二）教学内容的立体丰富

综观世界各国的思想政治教育，在任何一个实行资本主义制度的国家或地区，都不存在"淡化政治"的事实，他们在宣传、灌输资产阶级思想方面旗帜鲜明和不遗余力，充分体现出极强的政治功能，突出表现在各国都加强爱国主义教育。我国始终把爱国主义作为思想政治教育的主旋律，坚持四项基本原则，坚定不移地走中国特色的社会主义道路。高校思想政治课教师更应该具有这种政治意识，始终把社会主义核心价值观作为主旋律，这就要求思政课教师要有扎实的专业知识，把握当前本学科国内外学术研究动向、前沿课题和最新的研究成果，有针对性地删减过时的教学内容，及时了解和掌握国内外的政治、经济、文化科技的发展动态和信息，增加教学新鲜感和吸引力，相对丰富自己的知识，并对与学科纵横关联的学科知识有一定程度的掌握，在教学内容方面不要简单化、抽象化。

政治理论课虽然是思想政治教育的主阵地，终究不能涵盖思想政治教育的全部，思想政治教育学科的地位同样还受到其他课程教学的制约，思政课教师要注意吸收各类新兴学科中与本学科相近的知识，拓宽自己的知识幅面和范围，如教育学、心理学等。若思政课教学引进心理教育则必然使思想政治工作深入人心，增强思政工作的可接受性和科学性。

二、教学方法的"扬弃"

在实际思政教学中，如果仅仅囿于教师理论水平的提升，学生的获得感不一定会增加，长篇大论地阐释理论反而使理论变得晦涩难懂，学生丧失学习兴趣，作为高校思想政治教师需要自省，不能"两耳不闻窗外事，一心只读圣贤书"。如果固化既有的教学方法，排斥或者抗拒新事物，在很大程度上，只会与社会发展相脱节，与大学生思政课教学相脱节。

"扬弃"是思政课教师正确对待教学的态度，特别是在教学方法上要做到"扬弃"，但教学方法多种多样，这里只选取代表性的三种方法进行阐释。

（一）案例教学的推陈出新

在高校思政课教学中，案例教学法是高校思想政治教师通常采用的方法。案例教育是围绕一定的教学目的，把从实践中采集到的真实事例加以典型化处理，形成可供思考、分析和决断的案例，使学员通过自我研究和相互讨论的方式，运用理论解决问题，提高工作能力，或通过分析解决实际问题，提高理论水平。案例教学法适用于高校思想政治理论课教学是不言自明的，它能够使理论与实际相结合，提高思政课的趣味性、激发学生学习热情、加深学生对理论知识的理解、增强学生认同感。

在高校政治理论课堂上，实施案例教学应体现自己的特色，有自己的特殊要求。具体来说，首先，案例要注重实效性，在教学中，"以人为本"，注重对大学生身心特点的分析，注重教育对象自我教育意识的觉醒，放弃原有固化的灌输教育，采用的案例要在全面把握理解理论知识基础上有效渗透社会主义核心价值观；其次，案例要有针对性，针对理论重点，有机结合，反对生搬硬套；最后，案例要有生动性，案例教学的特点之一就是生动，如果不注重生动性，就会让学生产生陌生感、距离感，从而降低学生学习的主动性。

（二）实践教学要不断强化

高校思政课教学分为理论和实践两部分，从授课效果来看，实践教学具有课堂理论授课所达不到的效果。马克思主义认为："物质生活的生产方式制约着整个社会生活、政治生活和精神生活的过程。不是人们的意识决定人们的存在，相反，是人们的社会存在决定人们的意识。"❶ 但由于各种原因，实践教学通常被忽略或被简化为小组课外自主实践等，这并不是说思政课教师的认识不足，而是多方面原因造成的局面。

目前高校公共理论课社会实践活动存在的问题主要有：师生参与缺乏广泛性，以点代面的现象严重；实践时间上缺乏连续性，由于受经费、场所等因素的制约，社会实践即使纳入教学计划，也无法保障，相当程度上带有随意性；组织上缺乏规范性，思政课社会实践的组织过程比课堂讲授复杂得多，没有足够的师资力量与经费投入，很难开展；实施上缺乏实效性，高校现在的通行做法是利用假期要求学生开展社会实践活动，但对如何撰写实践报告等缺少系统的培训和指导，直接影响到社会实践的实效性。有条件的高校还是应该积极克服困难，真正把思政课的实践教学落实到实处，在知行合一中提升思想政治教学的实效性。

（三）小组讨论不断丰富

在实践教学不能有效落实的当前，可以采用小组讨论法来弥补。小组讨论法往往由小组实践、讨论、形成报告等几个步骤构成，它是学生以小组为单位，围绕中心问题，展开调查研究、各抒己见，获得知识或巩固知识的一种教学方法。小组讨论法优点在于可以培养团队合作精神，激发学生的学习兴趣，提高学生发现问题、分析问题、解决问题的能

---

❶ 卡尔·马克思. 政治经济学批判［M］. 柏林：柏林敦克尔出版社，1859.

力，提高学生学习的独立性。

在实施这种教学方法时，思政课教师一定要让学生在课堂中充分展示成果，而不是仅仅作为一项作业布置下去，只有通过积极有效地反馈，大学生才会真正学习到知识，提升自己的各项能力。

三、教学途径的"扬弃"

目前高校思想政治教育中存在着采用封闭式德育以期回避或阻止社会的干扰和消极影响的倾向，但这种封闭式德育却是脱离社会现实的理想化教育。信息技术和信息网络的飞速发展，加快了全球一体化进程，必须重视多元价值观现象的存在，丰富教学的途径。

（一）坚守课堂教学

在信息高速发展的时代，对于思政课教学来说，课堂仍然是授课的主渠道，做好高校思想政治工作，要用足、用好课堂教学这个主渠道。这就要求高校思政课教师切实用好课堂教学主渠道，筑牢意识形态主阵地。

思想政治教育在有组织、有计划的课堂教学活动过程中自觉实现。课堂教学有如下特征：一是科学性。思政课的课堂教学是以传授理论知识为主，通过对理论知识讲解来提升学生三观认识的过程。二是互动性。课堂教学过程是双向互动的，教师与学生互为课堂教学的主客体，积极引导学生参与课堂教学，以调动学生学习的主动性，积极有效地互动，会使教学效果事半功倍。三是快捷性。课堂教学是一个信息含量高、传播速度快的载体。

（二）重视网络教学

网络成为当代大学生学习、生活的重要组成部分，已是很多大学生获取知识的一种途径，网络对他们的学习、生活乃至思想观念发生着广泛而深刻的影响。但与此同时，互联网等信息媒体的快速发展，给腐朽落后文化和有害信息的网络传播以可乘之机，致使一些大学生精神空虚、行为失范，有的甚至违法犯罪。为此，有必要形成网上正面舆论的强势，开展网络思政教育是非常必要的。

实践中，网络教学方兴未艾，现在已经是高校普遍使用的另一种教学途径，它既方便又灵活，首先，它丰富了学生的受教途径，学生可随时观看授课内容。其次，网络教学具有良好的交互行。在思想政治教育网络教学进程中，一个非常显著的趋势就是强调受教育者更多地主动参与，主张教育者与受教育者之间通过信息资源更多地互动和交流，师生通过网络教学平台上的交流，弥补课堂中的不足，起到了加深理解作用。再次，教师也提高了自己的业务能力，通过网络平台，教师也大致了解学生的学习状况。最后，网络教学具有开放性，通过不同学校的思政课网络教学，能够整合资源，从而能够有效地提高教学活动的质量。

另外，思政课的网络教学问题颇多，这主要表现在：

第一，网络教学平台建设的重复性。各高校投入大量精力于此，特别对于高校"两课"网络教学平台建设来说，重复建设现象日益突出。

第二，教学内容的重复性。大部分内容与课堂教学内容是一致的，重复出现，学生丧失学习兴趣。

第三，由于技术要求较高，而大部分思政课教师缺乏相关的网络、摄像、剪辑等技术，这就需要技术工程外包，需要资金支持，导致部分高校的思政课网络课程建设中存在敷衍现象。

第四，网络教育中，老师只能言传而无法以身教，网络的虚拟化使得师生之间的交流存在一定的障碍。

紧跟时代发展潮流，思政课教师必须充分认识网络作为新的信息载体在思想政治教育中的重要性，深刻认识互联网时代发展特点，善于运用互联网思维和新媒体技术，通过互联网开展大学生思想政治教育，在思政课网络教学中避免问题、解决问题，让思想政治教育"接地气"，创新高校思想政治教育工作的新途径。

（三）思政情景剧

影视作品对大学生有着重要的审美认识、教育作用，一定程度上，优秀的影视作品通过对大学生受众潜移默化的影响，所弘扬的内在精神成为大学生广为认可的价值追求，认真研究影视作品成功的经验对大学生进行思想政治教育意义重大。

马克思在《关于费尔巴哈的提纲》中论述："人的本质并不是单个人所固有的抽象物，在其现实性上，它是一切社会关系的总和。"受影视作品、舞台剧影响，新时代，部分高校的大学生或以身边的真实故事、或以社会热点话题、或以校园热点话题等为题材创作思政情景剧，这是思政课教学途径的一次创新实践，这种创新实践寓思政教育于文化熏陶与思想浸润之中，突出学生的主体地位，通过情景创设所带来的体验式学习，通过大学生在舞台上极具感染力的表演，生动地诠释了思政课所要表达的主题，提升思想政治教育亲和力和针对性，激发了大学生的学习热情，受到了大学生的普遍欢迎。新时期，思政情景剧作为创新学生参与思想政治理论课教学的有益探索，也有利于大学生把思政课从课堂延伸到课外，值得高校思政课教师继续研究和探索。

四、教师自身的示范作用

教师是学校办学的主体力量，师德水平高低是关系校风、学风，关系学生成长的重要因素。因此，教师在给学生传授理论知识的同时，还必须做到以自身人格魅力去影响和陶冶学生，而高校思政课教师在这方面的作用更为重要。这是因为，一方面，大学生的身心正处在成长发育期，其世界观、人生观、价值观、道德观正处于逐步形成的过程中，可塑性很大，需要对其进行正确引导、教育；另一方面，学生往往把教师的一言一行作为自己的楷模，高校思政课教师在对学生进行世界观、人生观和价值观的教育时，其实际行动是最有说服力的宣传，"身教重于言教"。作为高校思政课教师不仅要传授好一般知识，更要成为思想道德素质教育的表率。

在新时代，高校思想政治理论课教师必须保持强烈的时代精神和问题意识，坚持以问题为导向，做真学问、真做学问。高校思政课教师理应成为研究阐释习近平新时代中国特色社会主义思想的主力军，把研究阐释习近平新时代中国特色社会主义思想作为学术研究的重要职责和任务，进行扎实的学理探究，以教学活动为窗口，把研究阐释工作与教学活动相结合，通过深入浅出地讲解，让思想活跃的大学生真正信服，成为大学生思想上的指导者和引路人。

第五章 高校思想政治教育工作与教学的实践指导

新时代高校思想政治教育工作体系不仅实现了理论创新，而且推动了我国高校思想政治教育的实践发展，为高校思想政治教育工作提供了具体的实践指南。在高校思想政治教育工作实践中，要注重开展工作的整体性，学校发挥主导作用，教师发挥关键作用，社会发挥整体保障作用，协同推进高校思想政治教育工作对青年大学生的培养，造就有理想、有本领、有担当的时代新人。

第一节 学校的主导作用

一、强化舆论宣传

新的时代条件下，高校思想政治宣传工作面临新的挑战。随着网络媒体平台的开放发展，青年大学生对网络依赖程度的加深，高校意识形态斗争日益复杂化和隐蔽化。宣传思想部门承担着十分重要的职责，必须守土有责、守土负责、守土尽责。高校思想政治宣传工作承担着引领正确政治方向的重要使命，因此通过恰当的宣传手段和方式，增强青年大学生对马克思主义、共产主义的信仰，对中国特色社会主义的信念和对中华民族伟大复兴的信心，成为高校思想政治宣传工作必须要面对的时代命题。

（一）占领意识形态阵地

宣传思想工作就是要巩固马克思主义在意识形态领域的指导地位，巩固全党全国人民团结奋斗的共同思想基础。意识形态工作具有极其重要的地位，特别是在高校工作中，它承担着引导高校教师坚定立德树人初心、引导青年学生坚定理想信念、弘扬社会主义核心价值观的重要作用。在高校思想政治宣传工作中，最为重要的就是要在教学、科研和日常管理工作中，旗帜鲜明地站稳意识形态前沿阵地。

在党的领导下要牢牢占领高校意识形态阵地，就要在具体工作中做到以下三方面。

第一，提高思想认识。在中国共产党团结带领全国人民进行国家建设的过程中，意识形态的斗争或隐或显、或明或暗，始终都是存在的。高校教师和管理工作者要提高政治站位，充分认识到意识形态斗争的尖锐性、复杂性、隐蔽性、长期性，精准把握意识形态斗争最新特点和传播渠道。同时，在思想上充分重视的基础上，要结合各高校落实马克思主义在意识形态领域指导地位的根本制度和具体机制，把对意识形态重要性的思想认识落到实处。

第二，加强理论学习。高校思想政治宣传工作是党的宣传工作在教育领域的延伸，这就要求高校教师和管理工作者要学习我们党在长期斗争过程中积累的思想宣传经验，在高校宣传工作实践中丰富和发展这些经验，将马克思主义理论作为必修课，学习马克思列宁主义、毛泽东思想、中国特色社会主义理论体系以及习近平新时代中国特色社会主义思想。在国家深化改革背景下，高校国内外留学生、交换生学术交流频繁，做好思想政治宣传工作，就不仅仅是学会运用马克思主义的立场观点和方法分析问题和解决问题，而且要以厚实的理论功底引导师生正确客观认识当代中国和世界大势，要更好地宣传和诠释包括中华民族的历史传统、中国特色社会主义的发展历程的中国故事。

第三，要回应现实关切。现实条件的改变是高校思想政治宣传工作的主要聚焦点，尤其是面对思想观念活跃的大学生群体。青年大学生正处于价值观形成的关键时期，对于纷繁复杂的社会现象和多种多样的社会思潮有自己的想法和观点，这也正是青年大学生群体容易成为"愤青"的原因所在。因此，在教学和日常学生管理工作中，教师要站在意识形态的高度，理性回应学生对相关问题的关注，把握住引导校园舆论和社会舆论的时间节点和空间范围，在最有效的时间内澄清校园舆论"杂音"，引导青年大学生成为真正的"奋青"——奋斗中的青年。

（二）融合多媒体各渠道

全媒体时代对高校思想政治教育工作提出了新要求和新挑战，涉及平台搭建、内容组建、形式创建等各方面。面对这些要求和挑战，高校思想政治教育工作要做到"因势而谋、应势而动、顺势而为"，通过融合各多媒体渠道，凝聚起师生共同的理想信念、价值理念和道德观念，激发起高校师生强劲的正能量和高昂的主旋律。

全媒体时代做好高校思想政治教育工作，加强舆论宣传，守好舆论阵地，首先，要做好顶层设计。无论媒体形式如何变化，无论外在环境如何变化，高校思想政治教育的根本是立德树人，始终都要紧紧围绕学生开展，走近学生、服务学生、引导学生，在现实社会环境和网络环境相互交织的多重复杂化因素影响下，始终坚守立德树人的根本任务。在高校党委宣传部及其相关机构的带领下，要研究各媒体渠道和传播平台的特点，根据各高校所处地理位置，考虑各高校生源实际情况，制定出媒体融合的工作理念、工作制度、监管方式、反馈渠道、更新机制、内容管理等，为各平台深度融合在高校思想政治教育工作中发挥作用提供坚实依据。其次，搭建立体化全媒体平台。媒体融合不是简单地开通各平台账号，把同质化内容上传到不同的媒体平台，也并不是说高校选用的平台种类越多越好，而是要根据各传播平台的受众特点、运作方式、内容特点，精选搭建立体化深度融合的传播平台。比如，高校可以通过微博进行综合信息发布，通过抖音侧重进行招生宣传和各专业知识点普及，通过微信公众号进行师生服务。各平台内容可以有一定程度的重复，但重复率不能过高，确保各平台推送的内容具有差异性，能有效克服受众的认知疲劳，使各平台围绕高校立德树人目标，形成立体化、互补式的正面宣传效应。除形式上的要求外，全媒体平台更要注重内容要求。无论媒体技术发展到何种程度，当其作用对象是每一个具体的人的时候，内容都永远处于中心地位。因此，全媒体平台的搭建是为了更好地服务于各高校学生。当代青年大学生处于多种价值观念和社会思潮的共同影响下，在一个周期的内容创作中，既不能局限于深厚的理论政策解读，也不能仅关注热点社会问题与社会现象，而是要运用深厚的理论诠释社会现象，引导学生反思社会问题，使社会主义核心价值观成为大学生的价值体系。最后，积极应对舆论冲突。在全媒体时代，每个人都是发声者，同时也是监督者，当面对与各高校自身利益和名誉相关的舆论热点时，要真诚、客观地予以及时回应，积极向社会公布相关问题的进展情况，澄清客观事实，维护学校荣誉，发扬校训精神，把舆论向主流方向引导。多媒体深度融合带来的机遇和挑战并存，在新时代中国特色社会主义思想的科学指引下，在各高校党委统一领导下，高校思想政治宣传工作定能讲好中国故事、传播好中国声音、培育时代新人。

（三）弘扬优秀榜样力量

榜样教育作为一种教育活动，通过榜样的人格魅力和精神力量激励、感染和引导教育对象，是提升思想政治教育效果的一种基本方法。在高校思想政治教育工作中，榜样教育的方法同样发挥着重要作用，通过宣传模范人物事迹，阐释模范人物身上蕴含的积极力量，激发社会正能量，引领社会风尚。

随着社会主义核心价值观的培育和践行，社会上涌现出一批又一批道德模范。激发榜样正能量主要涉及两个问题：选取什么样的榜样？通过什么样的方式激发榜样正能量？在榜样的选取方面，高校思想政治教育工作首要选取的可以是社会道德模范，可以是时代楷模，可以是感动中国人物等被全社会所熟知的榜样人物类型，这些榜样人物，其个人修养、精神内涵、道德能力、社会贡献都得到了社会和群众的承认。无论是高校思想政治教育的工作需求，还是通过宣传榜样事迹弘扬社会主义核心价值观，都是中国特色社会主义思想宣传工作的重要组成部分。除此之外，物理距离相近会增进人们的好感，也更能激发人们向榜样靠近的前进动力。因此，在榜样选取中，可以根据各高校实际情况，适当缩短榜样和教育对象之间的物理距离，甚至可以增加榜样和教育对象之间的交往频率。比如可以选取同一个省份（或市、县、区等）、同一种职业，或者有类似生活经历的人作为榜样，更有助于推进榜样作用的发挥。在激发榜样正能量的方式方面，由于人的本质在其现实性上是一切社会关系的总和，榜样人物也存在于活生生的现实社会中，榜样人物的高尚品格也经历了由低到高的渐进发展过程。相比以往注重激发榜样的社会功能，在社会主义市场经济深度发展的当代中国，对于个性意识和独立特征明显的当代高校大学生来说，仅仅宣传榜样人物的社会功能已无法满足其需求。因此，宣传榜样人物在成长过程中经历的来自社会、家庭和个人内心选择的冲突，详细而又动情地讲述榜样人物是如何以坚强的意志和坚定的信心，克服障碍和冲突，进而成为具有高尚品格、能为社会做出突出贡献的人的过程，引导高校大学生在现实、具体的人物成长变化细节中，感受榜样人物成长的心路历程，即重点抓住榜样人物对于大学生成长发展的个体功能，能更有利于发挥榜样人物激发正能量的作用。激发榜样正能量意味着大学生要经历对其精神品格从感性到理性的认识转变，而这种转变通常需要一定的过程和时间周期。因此，在高校思想政治教育工作中，要选取能激励青年的榜样人物，在恰当的时机、以正确的方式对大学生进行榜样教育，引领青年大学生的人生航向。

二、协力构建马克思主义学院

马克思主义是高校思想政治教育的堡垒阵地。党的十八大以来，全国各高校在条件成熟的基础上相继成立了马克思主义学院，根据教育部印发的《高等学校马克思主义学院建设标准（2017 年）》相关规定，全国各高校马克思主义学院建设工作有序推进。2021 年9 月，中共中央办公厅印发《关于加强新时代马克思主义学院建设的意见》（以下简称《意见》）。《意见》指出："加强马克思主义学院建设，是深化马克思主义理论研究和建设的重要举措，是培养担当民族复兴大任时代新人的内在要求，对于构建以马克思主义为指导的中国特色哲学社会科学，建设具有强大凝聚力和引领力的社会主义意识形态，进一步丰富和发展当代中国马克思主义、21 世纪马克思主义，对于彰显中国大学社会主义底色，引导青年学生牢固树立共产主义远大理想和中国特色社会主义共同理想，培养一代又一代社会主义建设者和接班人，具有重要意义。"[1] 可见，马克思主义学院建设在高校思想政治教育工作中具有重要地位，不断提升马克思主义学院建设的科学化水平，是实现高校思想政治教育功能的重要着力点。

（一）明确马克思主义学院政治定位

1992 年，全国高校第一家马克思主义学院，即北京大学马克思主义学院成立。自此，全国各高校陆续成立了马克思主义学院。2014 年，《高校马克思主义学院建设标准》出台，到 2014 年底，全国高校先后有 200 个马克思主义学院成立；到 2016 年，全国各类高校马克思主义学院突破 400 个。

---

[1]　加强新时代马克思主义学院建设 ［N］. 人民日报，2021－09－22（01）.

"马院姓马"是指中国特色社会主义高校的马克思主义学院是中国共产党在高校进行思想政治教育工作的重要阵地，是在马克思主义科学指导下，在中国共产党坚强领导下，对青年大学生进行科学化、规范化、系统化马克思主义理论教育的阵地。在进行马克思主义学院建设的过程中，高校要从思想政治理论课、马克思主义理论学科建设、马克思主义学院发展这几个方面开展，使思想政治理论课和马克思主义理论学科依托于马克思主义学院这一重要的组织载体发展起来。就马克思主义学院建设发展而言，无论是在学院发展、学科建设，还是在教师培养和日常教学工作中，都要始终坚持马克思主义的立场、观点和方法，紧密团结在中国共产党的领导核心周围，充分贯彻落实"听党话、跟党走"的政治要求。"在马言马"是指作为马克思主义学院的教师和学生，要认真学习和研究马克思主义理论体系，特别是要从历史纵深处把握马克思主义中国化的理论成果。教师只有认真学习马克思主义理论，才能学懂弄通马克思主义理论，也才能把马克思主义理论讲授好；学生只有认真学好马克思主义理论，才能牢固树立起对马克思主义和共产主义的科学信仰，马克思主义学院才会成为学习、研究和宣传马克思主义理论的坚强阵地。"马院姓马"和"在马言马"是辩证统一的关系，始终坚持"马院姓马"是"在马言马"的前提、基础和导向，而"在马言马"则是"马院姓马"的具体落实，只有在中国共产党领导下坚持马克思主义学院建设发展的正确方向，才能通过"在马言马"完成马克思主义理论学科的人才培养，从而更好地建设马克思主义学院。

在马克思主义学院鲜明的政治属性要求下，学院中的每一位工作人员都应参与学院建设，形成全员共建学院的良好氛围，培育积极向上的共同认知。其中，学院领导干部和各学科带头人在学院建设中起关键核心作用，普通教师是学院建设的中坚力量，学生培养质量是检验学院建设成效的标准。在新的历史条件下，以习近平新时代中国特色社会主义思想为理论指导，坚持正确的政治方向，并围绕马克思主义学院建设这一中心任务，凝聚起马克思主义学院全体成员的共同力量，就一定能把学院建设好、发展好。

（二）加大对马克思主义学院扶持力度

各高校除了在思想意识上要认识到马克思主义学院至关重要的政治定位之外，还要在高校各项工作的实际推进中加强对马克思主义学院的政策支持。这里的政策支持内容既包含硬件支撑也包括软件支撑。硬件支撑是指对马克思主义学院在办公环境、办公经费、福利待遇等方面的物质支持，这是马克思主义学院获得良好发展的基本要素。软件支撑指的是对马克思主义学院重要性的弘扬宣传，为马克思主义学院配备结构合理的领导班子和教师队伍，积极关注马克思主义学院的发展势头，及时指出马克思主义学院在建设发展过程遇到的问题，并帮助提供解决问题的方式，形成共同促进马克思主义学院发展的积极态势以及从政策、资金和人员方面加大对马克思主义学院的扶持力度。在相关政策方面，各高校应从马克思主义学院建设发展需求和高校政策允许方面综合考量，尽可能为马克思主义学院提供促进其发展的政策支持。比如在职称评审时，考虑对思想政治理论课教师进行职称单列；在教师教学竞赛中，对思想政治理论课教学组进行晋级名额单列；在项目申请评审中，对思想政治理论课相关研究项目进行专门评审，等等。

（三）发挥其他各学院各部门协同作用

建设和发展马克思主义学院，离不开各高校在学校层面的支持，更离不开高校内部其他各学院的协同配合，只有发挥各学院特色优势，共同营造发展氛围，马克思主义学院才能获得长足发展。

尽管高校专业优势各不相同，但无论是理工科高校、师范类高校还是综合性质的高校，二级学院都可以划分为人文社会科学类学院和理工科类学院。就人文社会科学类学院来说，由于人文社会科学的专业知识具有发散性的特征，因此要十分注意从意识形态的高度把握不同学术观点的根本性质，充分运用马克思主义的立场、观点和方法辩证地看待问题，能够站在社会主义核心价值观的立场上对大学生进行正确的引导。尤其是哲学艺术类相关专业中涉及的西方学术流派的论证过程和观点，既要求教师在情感上客观对待，也要求教师在讲授过程中认真谨慎地去讲解，防止陷入西式逻辑思维的"怪圈"，只注重思辨论证，而忽视了讲授内容的思想性。对理工科类学院来说，加强教师学生的人文社会科学素养，是理工科学院整体发展的重要内容。这要求理工科学院，首先，要从学院整体发展层面认识到高校发展离不开马克思主义的正确指导，这是高校发展中始终要坚持的正确方向，也是各二级学院发展中必须遵循的指导原则。尤其是理工科学院要在坚持正确研究方向的前提下，掌握新时代国家、社会发展的战略安排和目标要求，积极引导学院教师向上把握时代诉求，向下扎根现实生活，在与国家发展目标同向同行的前沿尖端领域做研究，在与满足人民美好生活需要的各相关领域进行实践，引导教师积极进行研究成果转换，以研究成果造福社会。其次，要认识到马克思主义是"伟大的认识工具"，为我们认识世界和改造世界提供了方法论，培养学生坚持运用辩证唯物主义和历史唯物主义的原理开展研究和学习，也是理工科学院的应有之义务。

三、全面提升校园文化

校园文化活动作为大学生思想政治教育的有力抓手和重要载体，是校园发展的灵魂，是凝聚人心、展示校园形象、提高校园文明程度的重要体现。校园文化对学生的人生观、价值观产生着潜移默化的深远影响，这种影响往往是任何课程所无法比拟的。要更加注重以文化人、以文育人，广泛开展文明校园创建，开展形式多样、健康向上、格调高雅的校园文化活动。一所高校的校风和学风，犹如阳光和空气决定万物生长一样，直接影响着学生学习成长。好的校风和学风，能够为学生学习成长营造好气候，创造好生态，思想政治工作就能润物无声地给学生以人生启迪、智慧光芒、精神力量。

（一）丰富校园物质文化

校园物质文化在校园文化建设中具有非常重要的显性教育功能。优美的校园物质文化氛围有助于大学生确立高尚的人生理想、健康的人生哲学、乐观的人生态度，是现代教育建造优良育人环境的有效途径之一。更为重要的是，校园物质文化建设能够有效增进大学生对各高校的认同感，换言之，当高校为学生提供了方便、舒适的物质文化氛围之时，有助于从外在环境增强学生对高校的归属感，因此，要充分发挥校园物质文化建设蕴含的教育功能、示范功能、创造功能、凝聚功能、熏陶功能、激励功能，从丰富校园硬件设施的文化内涵入手，进行显性的校园文化建设。

首先，要进行基础的校园物质文化建设。校园物质文化载体主要是指校园硬件环境的配备与展示，包括园区环境的装饰与室内环境的营造，具体到校园的建筑、园林、雕塑、橱窗、标语、宣传栏、校报等和大学生日常生活紧密相关且随处可见的实体存在物，涉及对绿植、假山、人工湖等综合景观的整体打造，涉及教学楼、餐厅、宿舍等建筑物的命名，涉及人工湖、植物集群的含义赋予。当然，这并不是说各高校现有物质文化载体都要重新构造、重新安排，而是说高校无论是减少、增加、变更还是调整校园物质文化载体，应尽可能考虑到在现有载体基础之上进行的，与现有文化载体原始内涵和历史意蕴更为符合的景观打造。其次，要结合各高校特色丰富校园物质文化。各高校所处地域不同，形成了缤纷多彩的校史文化，高校独特校史文化的载体就是校史馆，而与校史馆相关的景观布局有校园文化广场、杰出人物雕塑、校园廊道等文化标志物。在进行各具特色的校史文化标志物修建时，要考虑到与高校所在地域特色的深度融合，使高校人文物质载体与当地历史文化特色相一致，形成高校和社会在物质文化载体方面共同的育人环境，促进高校物质环境的思想政治教育功能的协同发挥。除此之外，校徽和高校纪念物也承载着学校成长发展的历史文化，要加强校徽和高校纪念物的设计宣传，使其成为学生能够"记得住，留得下"的校园文化载体。最后，高校应承担起对所在地历史建筑的保护，使其成为校园物质文化载体的重要组成部分，和其他校园物质文化载体一道，共同营造高雅的学习生活环境，增强大学生对校园环境的归属感和认同感。

（二）充实校园精神文化

校园物质文化、精神文化、制度文化等共同构成校园文化系统，精神文化在高校文化构成中占据中心地位，对物质文化和制度文化起引领作用。独特的精神文化是高校文化建设最核心的价值追求。校园精神文化是各高校在发展历程中，围绕校训、人才培养目标和发展定位而形成的。在对大学生进行思想政治教育的过程中，校园精神文化对弘扬和培育社会主义核心价值观、巩固主流意识形态具有重要作用。因此，通过多种途径充实校园精神文化内涵，能有效提升校园文化整体化建设水平，发挥环境育人功能。

校园精神文化的核心是学风和校风，而这两方面内容要通过校训、校歌体现出来。高校要深入挖掘校训和校歌背后蕴含的大学精神，依据时代特色赋予其时代内涵，使校训、校歌凝聚起全体师生的认同情感和精神力量。积极向上的学习氛围、乐教施教的教学氛围是形成良好校风的前提，要加强教风学风建设，发挥良好校风的影响、带动作用。在校风学风建设中，要继承并弘扬中华优秀传统文化，引导师生形成研习国学经典、宣传文化精神的习惯，鼓励支持师生举办形式多样的诗词朗诵等宣传教育活动，带动广大师生参与继承弘扬传统文化的活动，以创新性形式承载创造性内容，使优秀传统文化精神成为校园精神文化的重要组成部分。校园精神文化只有作用于高校大学生的日常行为才会产生实际意义。校园行为文化是精神文化的外在体现。校园行为文化是校园师生在各种活动中形成的稳定的行为方式、群体精神、价值追求和道德理念，具体表现在校园师生中的行为习惯、团体活动、生活方式等外在动态活动中。校园行为文化展示着在大学精神影响下，学生的学习行为、生活习惯各方面倾向于校训、校风的动态过程。校园行为文化是校园文化中的动态文化，是校园文化最鲜活、生动的体现，对引领整个校园文化的发展起着至关重要的作用。加强校园行为文化建设有利于提高师生的精神文明，加强行为文化建设就要把办学理念和价值体系融入行为文化建设的各个领域和层面，开展丰富多彩的校园文化活动，以精神培育和行为约束为保障，在潜移默化、书香浸染中培养学生的文明行为，发挥行为文化育人的功能。

（三）规范校园制度文化

高校校园物质、精神、行为文化的完善和提升都需要制度文化的保障。学校制度文化是学校师生员工认可并信守的价值观念、态度倾向、文化传统、道德标准、生活守则和行为规范的有机统一，表现为学校各类规章制度，凝结与折射着学校的人文特色与文化品位，表征着学校文化建设的发展水平与完善程度。❶

制度文化育人，首先，需要树立制度文化自觉的理念，重视制度文化建设的作用和意义，把制度文化建设纳入学校总体规划，把校园文化资源建设与人才培养计划紧密联系，牢固树立制度育人、文化育人和服务育人的管理理念。其次，学校制度文化育人的前提是要设计科学、道德的制度文化，学校管理者要发扬民主，从学校实际出发，从师生出发，以人为本，制定贴近青年的制度，让制度文化育人过程充满人文精神与道德情操。最后，制度文化育人需要建立有效的约束机制，规范管理、加强监督，使制度得到不断落实和完善。校园文化建设过程中，构建与物质载体和精神引导相适应的保障制度至关重要。因此，要根据高校实际情况完善校园文化建设相关政策和落实措施，并成立校园文化建设工作委员会，制定具体的工作章程和建设规范，把校园制度文化完善作为一项重要工作，和高校其他各项工作共同推进，让完整、规范的校园制度文化为校园物质文化和校园精神文化建设保驾护航。

在中国共产党对高校思想政治教育工作的坚强领导下，高校要通过多种新媒体途径做好有利于巩固社会主义意识形态的舆论宣传工作，坚定社会主义高校的根本育人任务，发

---

❶ 冯永刚. 学校制度文化育人的价值意蕴及其实现 [J]. 教育科学研究，2018 (5)：89－92.

挥高校各部门协同作用，共同构建马克思主义学院，全面提升以立德树人为核心的高校校园文化，主动承担起高校在思想政治教育中的责任。

第二节　教师的关键作用

教师是高校思想政治教育工作的主要执行者，在提高教育效果、增强教育获得感中发挥主要作用，是提升高校思想政治教育工作水平的主体。《关于加强新时代马克思主义学院建设的意见》指出，着力打造一支信仰坚定、理论功底扎实、数量充足、结构优化的高素质教师队伍，切实增强使命感、认同感、获得感。提高专业人才培养质量，源源不断培养马克思主义理论后备人才。❶

一、建设思政教师队伍

关于思政课队伍的建设，在《新时代高等学校思想政治理论课教师队伍建设规定》（以下简称《规定》）中明确，高等学校应当配齐建强思政课专职教师队伍，建设专职为主、专兼结合、数量充足、素质优良的思政课教师队伍。高等学校应当根据全日制在校生总数，严格按照师生不低于1∶350的比例核定专职思政课教师岗位。与此同时，该《规定》中围绕提高思政课质量和水平，明确了高校思政课教师要遵循"八个相统一"的要求，即政治性和学理性相统一、价值性和知识性相统一、建设性和批判性相统一、理论性和实践性相统一、统一性和多样性相统一、主导性和主体性相统一、灌输性和启发性相统一、显性教育和隐性教育相统一，以此进行思政课教学改革创新。鉴于此，建设思政课教师队伍应从数量上配齐和质量上建强两方面共同着手。

（一）配齐思政教师队伍

随着大学生数量持续增加，高校思政课教师的需求也随之增大。教育部要求各高校按

---

❶　加强新时代马克思主义学院建设 [N]．人民日报，2021－09－22 (01)．

规定比例配齐思政课教师队伍，确保思想政治教育工作有序开展。对此，高校要采取以专职思政课教师为主、兼职思政课教师为辅的方式，鼓励学生辅导员、优秀党务工作者等加入思政课教师队伍，确保1：350的思政教师和学生的数量比。

在专职思政课教师选聘方面，各高校应专门召开会议部署选聘工作，制定科学合理的选人用人标准，策划严谨有序的筛选人才流程，运用系统方式对参聘对象进行专业知识、教学能力、师德师风等方面的综合考量，把马克思主义理论及其相关专业优质人才选入思想政治理论课教师队伍中。比如，各高校可以根据参聘人员的简历描述，进行第一轮筛选；通过专业知识笔试、教学能力测试完成第二轮筛选；通过综合心理测试、师德师风测试完成第三轮筛选；通过身体素质检查完成最后一轮筛选。尤其重要的是，各选聘环节应尽量时间紧凑、紧密连接，以保证选聘过程的流畅。同时，在专业知识测试中，试题设计应将马克思主义基本原理和马克思主义中国化理论成果互相结合，既体现出理论的深刻性，又具有时代的发展性；在教学能力测试评价中，应充分考虑到参聘者对教学内容与教学方式方法的深度融合，对参聘者能否更好地将书面化的理论语言转化为生动的教学语言进行评价。

在兼职思政课教师选聘中，高校辅导员群体、高校党政机关领导干部是兼职思政课教师的选聘范围，尽管兼职思政课教师承担的思想政治理论课相对较少，但并不能因此放松对兼职思政课教师的专业要求。因此，在考察过程中，更应结合兼职思政课教师本职工作，把本职工作内容运用于思想政治理论课教学和实际工作中，进而体现对兼职思政课教师的综合考察，优化思政课教师队伍多元化。其中，辅导员岗作为为学校管理服务的基层岗位，是学校思想政治教育的骨干力量，也是了解学生、服务学生最直接的渠道。学生工作的复杂性与多样性全方位提升了辅导员的工作能力与自身素质，也使其比较熟悉学校的工作流程、运行模式，为其从事其他岗位工作奠定了基础。因此，高校要从顶层进行设计，构建一套有利于学校通过专兼结合、多途并进的机制，有效提高学生思想政治教育的质量。比如，要求新入职的教师必须从事规定年限的专职辅导员岗位工作，达到一定年限后方可作为专任教师，同时保留一部分愿意长期从事辅导员岗位的教师，鼓励其走上职业化、专业化、专家化的道路。此外，高校应进一步制定完善辅导员队伍培养机制，对愿意长期从事辅导员岗位的教师从物质与精神两个方面予以倾斜，并提供相应的激励措施与培训渠道；不符合岗位要求的辅导员应及时退出，支持符合相应条件的辅导员转为专业教师或者行政人员。最后，物质因素同样是配齐思政课教师的重要方面，各地要因地制宜设立思政课教师和辅导员岗位津贴，纳入绩效工资管理，相应核增学校绩效工资总量。

（二）建强思政教师队伍

思政课教师政治要强，情怀要深，思维要新，视野要广，自律要严，人格要正。可见，建强思政教师队伍就是要提高思政教师素养，这不仅要求提升思政课教师的业务能力和专业水平，而且要不断加强思政课教师队伍师德师风建设，使业务能力精湛、品德修养高尚成为高校思政课教师的鲜明特点。

具体来讲，思政课教师的素养包括三个方面内容：一是坚定的政治素养。思想政治理论课不同于其他公共课程，它不仅具有思想性、科学性，还具有鲜明的政治性要求，要对大学生进行主流意识形态的相关教育和与社会主义核心价值观相符合的价值观念引导。思想政治理论课的主流价值观教育和引导，与国家发展道路、民族发展方向紧密相关，是涉及新时代中国特色社会主义建设事业的根本性质问题，这要求思政课教师在涉及根本的大是大非问题上保持政治清醒，以坚定的政治立场分析理论和现实问题，把正确的政治观点、价值观念讲授给学生。二是专业的理论素养。只有理论上学习得足够彻底，才能有政治上坚定的立场。思政课教师通过对马克思主义理论的深入学习，充分地掌握马克思主义看待问题的立场、观点和方法，掌握马克思主义中国化的历史进程和理论成果，从而具备坚定的马克思主义和共产主义信仰，具备中国特色社会主义的共同信念。因此，思政课教师要自觉、主动学习马克思主义基本原理，学习中国近现代史中马克思主义发展历程，学习马克思主义中国化最新成果，才能在遇到理论问题和现实挑战时做出正确回应。三是深厚的情怀要求。思想政治理论课教学不仅是理论层面，更要求教师要把做人的道理、对国家和社会的正确认知、对未来的规划教给学生，因此，思政课教师要有热爱教育教学事业的深厚情怀。在思政课教学中，要把爱国主义情怀贯穿始终，从国家现实发展进程中汲取教学教研的养分，以扎根中国大地的热情，讲出中华民族伟大复兴的激情，感受思政教学工作带来的温情，在言传与身教中引导大学生成为有情怀、有担当的时代新人。

二、抓好教师梯队建设

高校思政课教师队伍建设是一个更新换代的过程，其中，思政课教师梯队式建设是优化思政课教师队伍结构、提升思政课教师培养质量的关键。因此，既要在思政课教师进入机制中进行严格筛选，又要加强思政课教师在个人成长过程中的培训和培养，推动实现思政课教师队伍可持续发展。

（一）健全教师培养体系

作为思政课教师队伍的后备力量，青年教师的成长不仅要求教师勤奋学习，注重个人探索，高校也要根据教育部文件要求，建立完整、规范、高效的青年教师组织培养体系，为青年教师更好融入高校文化环境、推动青年教师成长发展搭建平台。青年教师入职高校，从"知识接受者"转变为"知识传授者"，未来还要继续向成为各领域专家奋斗。青年教师发展过程中，教学能力和学术科研能力发展是核心，提升青年教师教研能力，要求高校构建从学校、学院到系部的立体化培养机制。学校负责制订青年教师整体培养计划，涉及青年教师入职培训中熟悉高校历史文化、掌握高校发展理念、了解学校评奖评优规定、遵守学术伦理道德、学习财务报账流程等，也包括对青年教师团队协作意识、抗压能力等非智力性因素的培养；学院贯彻落实并监督执行青年教师对学校培养方案的完成情况，为青年教师完成培养计划提供便利，比如学校要求各学院为新入职青年教师配备副高及其以上职称的教研导师，以带领青年教师尽快适应高校教学和科研节奏；各教学部根据学校、学院安排，立足青年教师个人性格特征、专业特长和发展方向，从教学部整体发展方面统筹考虑，为青年教师制订更为详细的个性化培养方案。教学部作为最基层的教学组织单位，要对青年教师外出培训和教学实践进行组织，安排教学经验丰富的教师，对青年教师上课情况进行督导和反馈，督促青年教师以提升教学能力为契机增强教研能力，成长为能担当"立德树人"民族大任的思政教师。

（二）优化教师队伍结构

思政课教师梯队建设中，既包括纵向的健全培养体系，也包括横向的优化教师队伍结构。一是优化思政课教师年龄结构。马克思主义学院教师队伍年龄结构合理与否，决定了学院建设的成效和学院未来的发展潜力。因此，恰当合理的年龄分布能夯实学院发展基础并有效增强学院发展后劲。实践证明，橄榄形的年龄结构对学院发展是最为有利的，这是一种中青年教师在全体教师中占据比例相对较大的年龄结构呈现方式，其中，35～45岁的中年教师是关键力量，35 岁以下的青年教师是后备力量，45 岁以上的中老年教师是基础力量。这要求学院在引进人才时，充分掌握现有思政课教师年龄分布。二是优化思政课教师学历结构。在按照 1：350 比例配齐思政课教师的要求下，部分高校放松了对思政课教师的学历要求，引进大批硕士研究生进入思政课教师队伍。因此，各高校要加强对思政类硕士研究生的学历提升培养，在满足服务年限后，为教师提供学习环境，鼓励支持硕士研究生继续深造学习提升学历，满足学院、学校发展需求。三是优化思政课教师专业结构。在一定程度上，单一专业的深入研究会限制教师发散性思维，也不利于教师专业多元化发展。因此，思政课教师在满足马克思主义理论学科专业要求基础上，适当增加马克思主义理论相关学科，如中国哲学、中国历史、新闻传播等相关专业，拓展马克思主义学院教研的广度。四是优化思政课教师团队结构。团队环境是助推思政课教师实现个人良好发展的重要方式，以不同层次团队建设带领青年教师成长是加强教师队伍理论能力建设的关键举措。各高校马克思主义学院要根据骨干教师专业特长，组建从国家级、省部级、院校级的教学科研团队，进行集体教学研究、科研问题探讨、集体备课等工作，从教学和科研两方面带动青年教师发展。

（三）完善考核评价机制

教师队伍建设还要不断完善教师考核评价机制，实现考核促发展。《关于加强新时代马克思主义学院建设的意见》提出，"以育人成效为标准，完善体现马克思主义理论学科特点、符合思想政治理论课教学内在要求、有利于教师职业发展的考核评价体系。以培养真学真懂真信真用马克思主义的教师为目标，完善培训体系，加大支持力度，健全教师成长激励机制"❶。

首先是明确评价标准。考核评价是调动教师工作积极性、主动性、创造性的"指挥棒"，决定着高校思想政治理论课教学改革、科学研究、人才培养的方向和质量。当前高校考核评价思想政治理论课教师主要从教学和科研两个维度展开，教学考核主要看学生网上评教，科研考核主要看论文著作项目，这种考核主体单一、考核内容笼统、考核目标模糊的评价方式不利于思想政治理论课教师队伍建设。加强高校思想政治理论课教师队伍建

---

❶ 加强新时代马克思主义学院建设 ［N］. 人民日报，2021 - 09 - 22（01）.

设，须推动考核评价机制走向专业化和体系化。要严把政治关、师德关、业务关，明确建立与思政课教师教学科研特点相匹配的评价标准。围绕高校思想政治理论课教学效果和学生对思政课的获得感，进一步提高评价中教学和教学研究占比。各高校在专业技术职务（职称）评聘工作中，要单独设立马克思主义理论类别，校级专业技术职务（职称）评聘委员会要有同比例的马克思主义理论学科专家。按教师比例核定思政课教师专业技术职务（职称）各类岗位占比。要将思政课教师在中央和地方主要媒体上发表的理论文章纳入学术成果范畴，把党建和思政工作纳入领导干部和单位年度目标考核体系，加强评估检查，加大考核权重，推动形成协调联动、齐抓共管的良好工作格局。

其次是拓展评价内容。考核评价内容，要将师德师风、社会服务、专业发展纳入考核评价范围，增设师德师风、社会服务、专业发展方面的考核评价指标。按照师德为先、教学为要、科研为基、发展为本的基本要求，坚持全面考核与突出重点相结合、发展性评价与奖惩性评价相结合、分类考核与分层次考核相结合的基本原则，构建涵盖师德师风、教育教学、科学研究、社会服务、专业发展等内容的多元互补、科学合理、有机统一的考核评价指标体系。学生侧重对教师的师德教风、教学态度、教学方法、知识储备、表达能力、沟通能力进行评价；同行侧重对教师执行教学计划、遵守教学大纲、安排教学内容、设计教学环节、运用教学手段、组织教学活动进行评价；督导侧重对教师遵守课堂教学纪律、开展课堂教学活动和教学实践环节进行评价；管理部门侧重对教师的教学准备、教学过程和成绩评定进行评价。健全教学激励机制，提高教学业绩在职称评聘、岗位晋级、绩效分配中的比重。

三、完善人才保障体系

高校应将思想政治理论课教师队伍专业化建设纳入学校发展规划，积极稳妥开展思想政治理论课教师发展性评价改革，加大对思想政治理论课教师专业发展的政策支持和经费投入，不断提升思想政治理论课教师的专业化水平和专业归属感。切实提高待遇，提升思想政治理论课教师岗位的含金量和吸引力，增强思想政治理论课教师的获得感和幸福感。

（一）高尚事业留人

高校思想政治教育工作承担着培养社会主义现代化建设者和接班人的重要使命，思想政治教育工作者不仅是一种职业，更是为国家民族发展培养后继人才的光荣事业。高校思想政治教育教师只有认识到自身肩负的重大使命，才能以饱满的热情、奋斗的激情投入思想政治教育工作。这就要求高校要增强思政课教师及思政教育工作者的职业认同感。职业认同感是指个体对自身所从事职业的发展目标及其社会价值的看法，思政教育工作者的职业认同感展现着其对马克思主义理论教育事业的忠诚与热爱。首先，高校要关心思政教育工作者的身心健康。定期安排覆盖全体教职工的体检，定期举办教师交流座谈会、谈心谈话等活动，及时掌握教师身体状况和精神状态。身心健康能够促使教师全身心投入教学科研工作，使教师充分发挥自己的潜能，从工作中获得更大的满足感、成就感和幸福感。其次，高校要引导思政课教师提升个人能力素养，为青年教师提供自主学习平台，引导青年教师加强自主学习能力。高等教育事业处在日新月异的社会变化发展趋势中，其培养对象自身也具有鲜明的个性特点，主客观环境要求高校思政理论课教师要终身学习，学习运用新的教学工具、教学理念，掌握人文社会科学各学科知识，掌握大学生群体性格特点、话语习惯，从而努力成为大学生核心素养的领路人。

（二）真挚情感留人

思政课教师对马克思主义学院、对所在高校的真挚情感是马克思主义学院稳定发展的重要情感因素。真挚情感是思政课教师对学院和学校的深厚情感。这种归属感表现为思政课教师对自己工作环境、工作内容和发展前途的满意度，其本质上则体现为思政课教师把个人成长与学院、学校长远发展规划联系在一起，使个人价值和人生理想的实现与集体价值深度统一。思政课教师对学院、学校归属感的形成过程十分复杂，但从根本上来说，归属感的形成依赖于行之有效的交流所带来的情感温度。这主要包括同级之间的交流和上下级之间的交流。加强同级交流，有利于思政课教师相互探讨、学习提高，这主要是教师个人之间形成的无组织性交流平台；而上下级之间的交流，有利于思政课教师掌握学院、学校发展总体规划，能够更好地将个人成长融入学院发展之中，上下级之间的交流要求高校党委教师工作部、教师发展中心和学院领导，定期组织思政课教师座谈会，听取一线教师对学校、学院发展的意见建议，掌握思政课教师个人工作生活需求，从学校和学院两个层面出发为思政课教师做好保障工作，提高思政课教师归属感。

（三）优厚待遇留人

在对思政课教师的激励中，物质激励和精神激励同样重要。思政课教师积极向上的个人生活状态是做好教学科研工作的社会基础。高校应制定加强思政课教师队伍建设相关的政策，探索建立物质激励与精神奖励相结合的激励机制，高度重视对思政课教师的成长培养，着力解决思政课教师生活问题。首要是要完善思政课教师薪酬制度，建立明确的收入增长机制和教学科研奖励机制，制定详细的奖励办法，从实际上提升教师收入，以较大程度解决思政课教师生活方面的后顾之忧，使思政课教师从内心深处把马克思主义学院的建设发展和自身成长紧密联系，形成学校、学院和个人共同发展的利益共同体意识。与此同时，在精神奖励中，学校和学院要充分考虑个体差异，尊重思政课教师教学特色、研究方向的个体化差异，设置不同层次校级、院级教学竞赛，设置校级思政课专项研究课题，拨付专门经费用于支持马克思主义学院精品思想政治理论课建设，结合学院学科建设要求和长远发展规划，支持思政课教师进行教学研究与探索，充分发挥不同教师特长，形成尊重创新、鼓励创造的积极学术氛围。

高校思想政治教育工作中，教师是关键，无论是思政课教师队伍整体性建设、梯队式建设，还是从物质和精神层面完善人才保障体系，都为思政课教师开展高校思想政治教育工作解除了后顾之忧，促使教师全身心投入思想政治教育工作中，办好高校思想政治教育工作。

第三节 学生的核心力量

要坚持理论性和实践性相统一，用科学理论培养人，重视思政课的实践性，把思政小课堂同社会大课堂结合起来，教育引导学生立鸿鹄志，做奋斗者。在高校思想政治教育工作中，充分发挥学生作为教育主体的核心作用，以掌握学生需求为出发点和落脚点，完善引导学生的工作机制，就要坚持理论与实践相结合、线上与线下相结合、校内与校外相结合，各部门齐抓共管，同向同行，共同服务学生、成就学生。

一、理论与实践相结合

理论与实践紧密结合，要求高校在思想政治理论课教学和日常思想政治教育服务工作中，不断加强大学生理论学习，提高大学生实践本领，以理论运用于实践的预见力检验马克思主义的实践性和人民性。

（一）"大思政"理念引领思想政治教育

所有课堂都有育人功能，不能把思想政治工作只当作思想政治理论课的事。其他各门课都要"守好一段渠、种好责任田"。要把做人做事的基本道理、把社会主义核心价值观的要求、把实现民族复兴的理想和责任融入各类课程教学之中，使各类课程与思想政治理论课同向同行，形成协同效应。高校思想政治教育要贯穿于育人全过程，贯穿于一线课堂中。立德树人这一目标要贯穿到高校课堂教学全过程、全方位、全员之中，构建思政课程与课程思政协同前行、相得益彰的育人大格局。

课堂教学是进行思想政治理论教育的主要渠道。但当前在课堂教学中，存在理论知识灌输与实践的严重脱节，导致学生掌握的理论观点无法上升为对实际行为的思想引领。"大思政"的教学理念是融合课堂教学理论知识与实践知识的重要方式。"大思政"就是整合教学过程、教学管理的实践资源，将思政课堂理论教学、实践活动和对大学生进行思想政治教育的日常管理活动充分结合起来的一种教学理念。在这一教学理念的引领下，思政课教学结合理论与实践具体表现为：一是思政课要有"大视野"。要求教师要立足于世界百年未有之大变局和中华民族伟大复兴的奋斗目标讲授理论知识，把看待问题的宏观视野和思维角度传递给学生，教育引导学生从世界局势和国家发展的前景角度确立自己的奋斗目标和理想信念，从党和国家对青年人的要求中汲取精神力量，选择人生方向，做好专业职业规划。二是思政课要有"大课堂"。学校要提供大学生深入学习理论知识、进行实践探索的场所和机会。将学习环境从教室扩展到其他场所，为学生提供理论联系实际的平台，适时邀请学生代表参与学校关于学校发展及学生问题的讨论决策，使学生在行使权利的过程中感受马克思主义理论的现实力量。三是思政课要有"大队伍"。要求思政课专职教师、兼职教师、辅导员和学校学院领导等高校思想政治教育工作者，挖掘各自工作岗位在思想政治教育过程中的功能和优势，创新工作方法，积聚团体力量，夯实"大思政"格局的师资质量储备。

（二）多主体参与助力高校管理工作

在高校思政课教学过程中，参与式教学使得大学生能够接受到不同教师群体的思想政治教育，教学模式较为成熟。高校日常管理是一项系统性、整体性的工作，需要多主体共同参与，除日常管理工作者外，思政课教师、学生、思想理论宣传部门，乃至与思想政治工作相关的校外部门和组织，都是对学生进行管理和参与的主体。这些参与主体的实践目标是一致的，但分工、任务和功能则各有不同。思政课教师居于主导地位，关系实践过程的思想指引及其推进成效；大学生是直接将理论转化为实践的实际执行者，是具有突出个性特征和较强可塑性的独立个体；其他主体则对思想理论顺利转化为实践能力具有不可或缺的辅助作用。在具体工作中，高校要树立多元主体参与理念，重视各主体的作用发挥，推动各主体将各自掌握的国情、世情、党情、教情、学情进行信息互通，共享教学管理资源。通过多主体参与的方式，推进理论在高校管理工作的实际中顺利转化为引导青年大学生行为的实践本领，形成理论与实践转化模式与机制，构建高校思想政治教育工作理论与实践的良性互动。

二、线上与线下相结合

信息化时代给高校思想政治教育工作带来了新的挑战和机遇。在新媒体新技术充分发展的当代社会，挖掘新媒体技术与高校思想政治教育工作的契合点，提升高校思想政治教育工作的时代感和吸引力显得尤为重要。要实现学生对教学内容的把握和运用，就要在思政课教学过程中，采用线上与线下互相融合的教学方式。相比于传统思政课教学，双线融合的教学方式能充分利用线上丰富资源，挖掘线下课堂知识的内容深度，拓宽学生视野，加深学生对思政课教学内容的理解。

（一）线上线下显优势

相比于传统思政课教学，线上线下相结合的教学模式凸显出不可比拟的教学优势，同时又具有多方面的复杂性。一是网络环境的复杂性。复杂的网络环境作为一个客观存在的现实状况，影响着思政课线上教学效果。尽管在课堂范围内的线上教学并不会接触到复杂的网络环境，但在学生课后学习过程中，会不可避免地受到外部网络环境的影响，这必然伴随着学生通过多种渠道对不同背景、不同价值观网络信息的接收，从而使思政课教学效果暴露在环境之中，更容易受到外部环境的影响。二是互动主体的复杂性。与传统思政课单向互动方式不同，当线上与线下融合时，教师与学生首先需要了解线上资源平台，完成和线上资源平台的互动，再以线上资源平台为媒介，进行教师与学生之间的互动。这在一定程度上增加了师生直接进行互动的复杂性。同时，借助新技术，通过学生对课堂问题的回答和课后作业的完成，利用大数据分析掌握学生的思想动态和学习状态，从而完成对学生的学习评估和打分。三是操作方式的复杂性。线上平台要求教师和学生同步掌握线上操作技巧和操作本领，特别是要求思政课教师在课堂上主导学生完成探讨交流任务。这就对思政课教师个人适应能力、新媒体操作能力和课堂管理能力提出了更高的要求。如何引导大学生连接课堂内容与线上资源成为思政课教师必须解决的关键问题，同时，学生如何利用好线下课堂和线上平台资源，并进行有利于自身的学习，对学生的自律能力、自我认识能力、自我规划能力也提出了较高要求。

（二）双线融合促实效

思想政治理论课在实际教学过程中，面对线上与线下融合的"教"与"学"的课堂模式，如何增强学生对这一模式的认同和操作，是新媒体时代亟待解决的问题。

第一，要进行整体布局，凸显线上线下优势功能。高校要重视各部分之间的协同配合作用，运用整体思维进行混合式教学。在师生角色定位中，线下课堂要注重教师深入讲解，线上平台要强调学生自主学习；在教学方式中，线下课堂着重进行显性指导，线上平台强调隐性引导；在教学时间分配上，首先要保证线下课堂教学的时长，线上资源由学生自主选择课余时间进行学习；在学习方法上，线下课堂要求学生身体和精神同时在场，集中注意力，准备随时参与教师组织的课堂讨论等环节，线上平台则打破时间和空间界限，学生在规定时间内完成学习任务即可。

第二，要进行循环探索，发挥多主体独特之处。"循环"是指人与技术之间的相互关系。人把技术生产出来，并持续推进技术创新创造，而当技术被人生产出来的时候，也在不断影响着人自身的成长与发展。因此，在双线融合的教学课堂模式中，教师一方面要积极引导学生运用新技术增加课堂活跃度，另一方面也要注意减少不必要、无法产生实际课堂效果的技术手段与环节。学生在学习过程中，要主动探索平台资源并积极学习。唯有如此，才能真正实现师生对技术的掌控，才是双线融合教学对于高校思想政治教育的意义所在。

第三，要加强组织，凸显思政课教师主导地位。无论是线下课堂还是线上学习，教师都是教学的主导者，教师要给予学生充足的机会参与课堂讨论，同时，在总结评价学生观点、引导社会主义核心价值观方面也不能放松，教学要最终实现学生自主学习有序，教师反向引导有力。

三、校内与校外相结合

从社会大环境来看，学校是不同学段思想政治教育工作的主要场所。就青年大学生成长过程来看，以社会实践活动为主要载体的校外教育也能够促进青年大学生思想道德素质、法治素养和综合素质的提高。

（一）校内校外优势互补

作为两种形态各异的教育方式，校内教育和校外教育的教育目标是一致的，二者的重要性得到了社会大众的普遍认可和政府相关文件的鼓励支持。相比之下，校外教育在时间、种类和形式上都比校内教育有更大的主动性和自由空间。但在实践过程中，受传统教育观念的影响，校内教育是主要教育途径，校外教育是辅助教育途径，导致校外教育也通常以校内教育的形式呈现，弱化了校外教育注重实践性的根本特征。这就要求校内教育必须寻求与校外教育更好的契合点，推动校内教育和校外实践活动对青年大学生思想政治观点的塑造作用。在高校思想政治教育工作培养全面发展的育人目标之下，要求校外教育要突出提供与课堂教学内容相适应的参观实验场所和学习资料。鉴于校外活动的自发性，青年大学生要深入挖掘校外实践活动对于个体独特的意义，自主建构校外实践活动对于个体成长成才的意义和价值，进而在具体的实践活动中养成优良的道德品质。

（二）校内校外实践探索

经过义务教育阶段的成长，大学生已经能够独自担当一定的社会交往和组织学习任务。在高校，大学生的活动范围似乎已涉及校内校外，因此，搭建起校内校外有效协同的桥梁，通过校内校外互相结合实现大学生自我教育显得尤为重要。校内外教育结合的过程中，要发挥学生的主观能动性。校内教育突出教师的主导作用，校外教育凸显学生的主动效应，激发同辈群体之间的组织领导能力和沟通能力。校外环境的丰富性、多变性和复杂性，给予学生充分思考社会现实问题的空间，让学生置身于特定的社会环境中去感受理论知识的正确与否，让学生真真切切去感受生活系统的丰富和复杂，最终目的就是要让学生走出校园，融入社会，引导学生把课堂讲授中的理论观点在现实社会生活的实践过程中验证，从而构筑一个校内校外互相开放、互通有无的教育系统。

学校发挥主导作用，教师起关键作用，其根本目的都是要通过高校思想政治教育的工作方式，使当代大学生立大志、明大德、成大才、担大任，把当代大学生培养成有理想、有本领、有担当的时代新人，为新时代中国特色社会主义现代化强国建设和中华民族伟大复兴储备人才。

第四节　社会的保障作用

新时代做好高校思想政治教育工作，必须发挥全社会的协同育人作用，从社会现实需求的角度出发，围绕立德树人的根本任务培养能够满足社会需要的个性化人才。这要求在现实社会和网络空间大环境下，全社会要将虚拟与现实深度融合，营造有利于进行思想政治教育的社会环境。

一、优化思政环境

在信息技术影响下，现实社会环境和网络环境对大学生的思想和行为产生了深刻的影响，大学生不仅在现实社会中容易受到各种思想观念的影响，而且在网络空间也会被多种社会思潮影响。表面上看，这是由于大学生对事物认知不同造成的；从根本上来讲，则是由于整个社会思想政治教育因素的缺失而导致的。因此，全社会要优化思政大环境，从宏观的社会环境入手，创造有利于青年人成长发展的思想政治教育社会氛围。

（一）营造社会育人氛围

就高校而言，在思想政治教育开展过程中，无论是思想宣传工作、思想政治理论课教学工作、日常思想政治审查工作，还是其他与思想政治教育有关的日常工作，都与社会提供的各项支持密不可分。其中尤为重要的是要转变社会公众对思想政治教育工作的固有观念，通过正确、积极社会观念的培养，营造有利于高校思想政治教育发展的良好社会氛围。社会公众普遍认为思想政治教育工作是"虚"的工作，无法具有实际的生产效应，也无法带来切实的经济利益。实际上，与肉眼可见的利益相比，思想政治教育工作要解决的是人们思想领域中的问题，是人们能够进行积极生产生活、产出具有较高经济价值产品的思想引领。人们只有从观念上克服消极状态，学会应对懈怠情绪，才会以认真的态度对待学习和工作。因此，思想政治教育工作是极为重要的"虚"的工作，它能够对实际工作进行积极的、正确的和科学的引领。这就要求全社会转变思维方式，从主流媒体、短视频平台等方面了解思想政治教育工作，尽可能多地把握思想政治教育工作对青年成长成才的重要意义，在家庭教育中增加思想政治教育因素，把社会公众对高校思政工作的认知建立在对全社会进行思想政治教育的基础之上，以社会与家庭之合力，共同为高校思想政治教育工作营造良好氛围。

（二）培育积极态度

精神的力量是无穷的。对于高校思想政治教育工作，全体公民只有端正观念、摆正态度，才能够形成推动思想政治教育工作良性发展的坚强力量。首先，全社会要理性看待思想政治教育工作。如前所述，思想政治教育工作是对人们进行正确思想观念、政治观点引导的工作，能够使人们在进行社会活动时始终保持和坚定正确的政治方向，从而维护基本的社会秩序。因此，要求相关工作人员，特别是高校教师正确看待学校教学和管理过程中所有的思想政治教育环节，以理性平和的态度对待工作要求，认真完成工作任务。其次，全体公民要明确高校思想政治教育工作的社会要求。尽管高校是对大学生进行思想政治教育的主阵地，但由于大学生最终是要回归社会，对学校与社会的良好衔接，有一定的实践诉求，因而对大学生进行思想政治教育就要充分考虑到社会因素和学生个人的整体性发展。最后，要通过积极的宣传和引导，改变家庭成员和社会成员的认知，改变只重专业能力而不重思想引领的现实状况，从细微处着手，提升社会对思想政治教育的整体认知。

二、搭建育人平台

（一）提供社会平台

搭建高校思想政治教育社会平台符合思想政治教育的实践性特征。高校思想政治教育工作是根据高校立德树人的育人目标、管理要求和教务安排而设定，在教师的管理和组织之下，从思想政治理论课、学校宣传思想工作等方面进行的具有理论性和实践性的双重工作。高校思想政治教育工作的实践要求不仅是针对学校工作，而且是立足高校实际对整个社会提出的工作要求。这是因为，一方面，高校思想政治教育工作受社会大环境的渗透和影响，社会环境发生变化的状态下，高校思想政治教育工作的重点对象和主要领域便会随之进行相应的调整和变动，但这种调整以高校育人目标为根基；另一方面，高校培养社会主义建设者和接班人的育人目标，最终要落实到大学生在社会中的具体实践活动。因此，只有在高校思想政治教育工作中考虑社会平台的搭建，才能够为大学生提供更多实践学习和锻炼的机会，才能在理论与实践的结合中推动大学生不断完善和发展自己，才能把大学生培养成能够充分融入社会的真正的有用之才。与此同时，在网络设备和信息技术快速发展的时代条件下，通过多元社会平台的搭建，能自外而内地促使大学生感受到社会对青年要求的紧迫感，从而珍惜机会，积极主动在教师的带领下进行社会知识的学习。

（二）探索实践途径

搭建高校思想政治教育社会平台就是把部分社会组织和社会力量纳入高校思政工作中，使思想政治教育工作不局限于学校范围内，形成全社会共同参与的对大学生进行思想政治教育的整体格局，其本质上是要举全社会之力共同教育青年大学生，是"大思政"教育理念在社会实践领域的积极探索。社会平台搭建不仅是社会组织和社会力量进入整体教育环境中，而且要求社会力量实际履行教育职责。相比于学校范围内的思想政治教育工作实践，社会平台中的思想政治教育侧重于提升学生的专业能力、专业素养、职业认知、职业道德、职业精神等实际交往能力和工作能力，致力于在动脑思考、动手操作、用心感悟的实践过程中，引导大学生形成正确的世界观、价值观和人生观，引导大学生把课堂所学的理论知识和思想力量落实到实际生活中。搭建社会平台需要注意以下三点：一是对社会组织和社会力量进行严格筛选。挑选有一定资质和能力完成社会实践教育的社会力量进入整体教育过程。二是合理分布与安排理论学习和实践教学的时间。在教务安排中，要积极探索具体科学的时间分配和任务规划，给予学生充足的时间，既能进行理论思考又能进行实践锻炼。三是对社会力量能否保证实践教育进行科学评估。社会力量进行的实践教育和学校中实践课程虽然都指向实践能力的提升，但社会实践教育更侧重于学生整体实践能力和实践素质的养成，因此在对学生进行终期评价中，社会实践教育的部分要进行单独的、定性与定量相结合的评价。

社会系统能为高校思想政治教育提供更有力的支撑，通过社会环境优化、平台搭建，为高校思想政治教育提供一个良好的育人环境，发挥社会课堂实践育人作用，为高校思想政治教育工作提供有效的社会连接。

新时代高校思想政治教育工作体系的根本精神和最终落脚点在于实践，无论是以教师和学生为主体的学校工作，还是社会系统提供的广泛支持，都以新时代高校思想政治教育工作体系的理论指导为根本方向。在这一正确理论的科学指引下，高校思想政治教育工作实践既是对科学理论的践行，更是对理论科学性的实践论证。党的二十大以来，在习近平新时代中国特色社会主义思想的指引下，我国高校思想政治教育工作不断推进发展。在高校思想政治教育工作实践中，这一理论体系必将继续以更长久的理论吸引力和实践引导力，持续推动高校思想政治教育工作，致力于把青年大学生培养成新时代社会主义现代化建设者和接班人。

第六章 高校思想政治教育工作质量评价的基本原则

开展思想政治教育工作质量评价必须充分把握思想政治教育工作质量评价的基本原则。思想政治教育工作质量评价的基本原则在思想政治教育工作质量评价的理论与实践中具有重要的地位。因此，科学有效的思想政治教育工作质量评价原则是推动思想政治教育工作质量评价创新发展的重要内容，是提高思想政治教育工作质量评价有效性的基本遵循。确立科学合理的质量评价原则是进行高校思想政治教育工作质量评价的重要基础，也能为高校思想政治教育工作质量评价指明正确方向。要科学地评价思想政治教育工作质量必须遵循以下基本原则：坚持政治评价与业务评价相统一、坚持客观评价与主观评价相统一、坚持结果评价与过程评价相统一、坚持定性评价与定量评价相统一、坚持精准评价与模糊评价相统一的原则。对此，本章将做深入分析探究。

第一节 政治评价与业务评价相统一

思想政治教育工作实践是一项复杂的实践活动，其中政治性是思想政治教育实践活动的本质特征，也是思想政治教育工作质量的根本内容。同时，任何一项思想政治教育实践活动均是特定领域的思想政治教育实践活动，都是与一定业务工作相互结合的思想政治教育实践活动，也是思想政治教育工作质量的实现载体。在这种意义上看，开展高校思想政治教育工作质量评价坚持科学有效的原则，必须首先坚持政治评价与业务评价相统一。为了更深刻全面地理解这个基本原则，我们将从高校思想政治教育工作质量坚持政治评价的所指和根据、坚持业务评价的所指和根据，以及实现二者统一的所指和要求等方面来对高校思想政治教育工作质量评价坚持政治评价与业务评价相统一原则进行分析。

高校思想政治教育工作质量评价首先要坚持政治评价。这里的政治评价主要是指思想政治教育工作质量状况坚持或形成了正确的政治方向。具体到当代中国就是，是否坚持、符合乃至巩固了中国共产党的领导地位，是否有利于坚持中国特色社会主义制度，是否高举中国特色社会主义伟大旗帜，是否有利于实现中华民族伟大复兴中国梦，是否有利于巩固马克思主义特别是习近平新时代中国特色社会主义思想在意识形态领域的指导地位，是否有利于形成全国各族人民团结奋斗的共同思想基础，等等。正确的政治方向、注重政治评价是高校思想政治教育工作质量评价的最根本原则和依据，这既是由高校思想政治工作的特殊地位与作用决定的，又是由高校意识形态领域面临的实际形势决定的。

高校思想政治教育工作的特殊地位与作用决定了思想政治教育工作质量评价要坚持政治评价。思想政治教育工作是我们党的政治优势和优良传统，它对经济工作和其他一切工作起引导、服务和保证作用，发挥着统一思想、凝集力量的重大作用。思想政治教育工作说到底是在做人的工作，关系着培养什么样的人、如何培养人以及为谁培养人这个根本问题。政治方向坚持得如何，是否偏离，直接决定着高校思想政治教育工作质量的高低。坚持以政治评价作为思想政治教育工作质量的原则依据，必须做到在各项工作中贯穿讲政治的要求，增强原则性、系统性、预见性和创造性，立场坚定，旗帜鲜明，始终坚持正确的方向。

高校思想政治教育工作质量评价在注重政治评价的同时还要注重业务评价，保证全面完成思想政治工作的各项具体任务。这里所谓的业务评价，就是对于思想政治教育工作质量的评价要结合具体领域的思想政治教育工作来进行，结合思想政治教育工作通过统一人心、凝聚意志等对经济工作、具体部门工作所产生的实际的业务效果或效益进行。这里主要表现为思想政治教育工作是否促进了经济的发展，是否有利于调动人们从事工作、生活、学习的积极性和主动性，是否带来了特定部分业务或业绩的提高等。在高校思想政治教育工作质量评价中，业务评价是思想政治教育工作质量评价的基础和前提，其主要由高校思想政治教育的根本任务和具体任务来决定。

高校思想政治教育的根本任务决定了思想政治教育工作质量业务评价的基本要求。习近平新时代中国特色社会主义思想为我们指明了思想政治教育工作的根本任务是立德树人、培育时代新人。高校思想政治教育质量评价注重业务评价，就要遵循"立德树人、培育时代新人"的根本任务制定业务评价的根本标准。多元的价值观、日新月异的社会、海量信息的冲击，人类面临的德行挑战日趋严峻，让思想政治教育面临前所未有的挑战和机遇。为了实现中华民族的伟大复兴，为了培养担当民族复兴大任的时代新人，加强思想政治教育工作，提高思想政治教育工作质量，已成为新时代思想宣传战线面临的一项重大而紧迫的战略任务。"立德树人、培育时代新人"要求高校思想政治教育工作质量业务评价必须坚持德育为先。德是做人的根本，是一个人成长的根基。当今我国正处于开放的国际环境与多元文化的背景之中，德育为先更具有必要性和紧迫性。为此，要把社会主义核心价值观教育融入教育全过程，把理想信念教育作为思想政治教育的重中之重，把弘扬以爱国主义为核心的民族精神和以改革创新为核心的时代精神作为重要内容，引导和教育青年学生自觉践行社会主义核心价值观。"立德树人、培育时代新人"还要求高校思想政治教育工作质量业务评价必须着眼促进人的全面发展。人的全面发展是人类的崇高追求，是人的发展和社会发展的最终价值取向。在坚持德育为先的同时，全面加强和改进智育、体育、美育、劳育。全面实施素质教育，坚持文化知识学习与思想品德修养的统一、理论学习与社会实践的统一、全面发展与个性发展的统一，促进德育、智育、体育、美育、劳育有机融合，着力培养学生的社会责任感、创新精神和实践能力，提高学生综合素质，使之成为德智体美劳全面发展的、符合时代需求的社会主义建设者和接班人。可见，"立德树人、培育时代新人"还要求高校思想政治教育工作质量业务评价坚持培育健全人格。培养积极的心理品质和乐观向上的品格，创造幸福，分享快乐。关注内心世界，塑造纯真完美的心灵，将显性教育与隐性教育结合起来，使学生在获取知识的同时，得到人格的滋养与涵育，营造良好的社会氛围，为培育健全人格提供良好氛围。

高校思想政治教育的具体任务则决定着思想政治教育工作质量业务评价的具体要求。在新时代背景下，应围绕高校思想政治教育工作的根本任务，完成具体任务的分解并制定业务评价的具体要求。习近平总书记在全国高校思想政治工作会议上的重要讲话、《关于加强和改进新形势下高校思想政治工作的意见》《高校思想政治工作质量提升工程实施纲要》等，为高校思想政治教育工作质量的业务评价提供了依据。《关于加强和改进新形势下高校思想政治工作的意见》指出，要强化思想理论教育和价值引领，把理想信念教育放在首位，切实抓好马克思主义、毛泽东思想学习教育，广泛开展中国特色社会主义理论体系学习教育，深入学习领会习近平总书记系列重要讲话精神；要培育和践行社会主义核心价值观，把社会主义核心价值观体现到教书育人全过程；要弘扬中华优秀传统文化和革命文化、社会主义先进文化，实施中华文化传承工程；要进一步办好高校思想政治理论课，充分发挥思想政治理论课的主渠道作用；要加强高校马克思主义学院建设，打造马克思主义理论教学、研究、宣传和人才培养的坚强阵地。这为高校思想政治教育质量评价提供了业务评价的内容和要求。《高校思想政治工作质量提升工程实施纲要》指出，高校思想政治教育工作包括全面统筹办学治校各领域、教育教学各环节、人才培养各方面的育人资源和育人力量，推动知识传授、能力培养与理想信念、价值理念、道德观念的教育有机结合，建立健全系统化育人长效机制。高校思想政治工作的基本任务包括，充分发挥课程、科研、实践、文化、网络、心理、管理、服务、资助、组织等方面工作的育人功能，挖掘育人要素，完善育人机制，优化评价激励，强化实施保障，切实构建"十大育人"体系。主要内容包括：统筹推进课程育人、着力加强科研育人、扎实推动实践育人、深入推进文化育人、创新推动网络育人、大力促进心理育人、切实强化管理育人、不断深化服务育人、全面推进资助育人、积极优化组织育人。以上基本任务、主要内容等可以看作高校思想政治教育工作的业务范围、分内之事，也可以作为制定质量评价业务标准的主要依据。也就是说，高校思想政治教育工作质量评价除了政治标准，还要重视以上各项具体指标任务。能否高效保质地完成，是评价高校思想政治教育工作的业务标准。

开展高校思想政治教育工作质量评价，既要坚持政治评价，也要坚持业务评价，更为重要的是将二者有机结合起来。政治评价关乎高校思想政治教育工作的性质和方向，是高校思想政治教育工作质量评价的根本和关键；业务评价体现高校思想政治教育工作的内容和任务，是高校思想政治教育工作质量评价的前提和基础。离开政治评价，高校思想政治教育工作就可能迷失方向；离开业务评价，高校思想政治教育工作就会失去丰富内容和效果保障。在当前实施高校思想政治教育工作质量评价应以党和国家尤其是近期关于思想政治工作的重要文献为根本依据，保证高校思想政治教育工作质量评价政治评价与业务评价的有机统一。

第二节　客观评价与主观评价相统一

开展高校思想政治教育工作质量评价不仅要坚持政治评价与业务评价相统一原则，还应该坚持客观评价与主观评价相统一。为了更深刻全面地理解这一原则，我们将从高校思想政治教育工作质量评价坚持客观评价的所指和根据、坚持主观评价的所指和根据，以及实现二者统一的所指和要求等方面来对高校思想政治教育工作质量评价坚持客观评价与主观评价相统一原则进行分析。

高校思想政治教育工作质量评价应坚持客观评价原则。客观评价一般是由相关的国家教育行政部门、教育督导、相关科研机构、思想政治教育领域的专家等组成评价工作组进行的评价。客观评价属于第三方对被评价对象的评价，一般采取自上而下的形式，即由上级行政部门制定评价指标及评价标准，以书面通知形式提前告知被评高校做好迎评准备，被评院校认真总结思想政治教育工作开展情况，收集与整理支撑材料，形成书面报告，评价工作组通过听取工作汇报、查看支撑材料、考察、座谈等形式了解掌握被评高校的工作开展情况，最后评价工作组依据各评价指标的评判标准，形成评价工作报告。

高校思想政治教育工作质量评价应坚持主观评价原则。这里的主观评价是由高校自己成立评价工作组、自行制定评价指标体系实施的评价，具有灵活性、针对性、多样性，有助于探索适合不同层次、不同类型院校的具体思想政治教育工作评价体系，建构出灵活多样的标准与操作规程，也有助于发现各学院（系）、各具体部门等基层思想政治教育工作的真实问题和困难，以便更清楚地认识自我，为进一步提高思想政治教育工作质量评价的针对性和有效性提供参照。然而，纵观整个主观评价过程，从评价目标的确立，到评价资料的收集，到具体的评价过程，再到评价信息的反馈，都不可避免地掺杂一些主观价值判断，尤其对一些主观性较强的评价指标难以做出客观的评判，也就是说，评价过程可能由于受主观因素影响，从而影响评价结果的可信度。在此应指出的是，过去我们对高校思想政治教育工作质量的评价存在只看重行为，而忽略知识理解和观念接受的倾向。我们应认识到，思想政治教育工作的本质特点在于把接受的知识和思想观念外化为行为，但是往往易忽略这样的事实，即思想政治教育工作本身就包括人们的思想认识问题。一方面，知识、思想观念是思想政治教育的重要内容构成，是思想政治教育工作质量评价的题中之义；另一方面，知识与思想观念是行为外化的重要前提，只有在知识理解与观念接受的基础上，才能有效生成相应行为。因此，知识与思想观念应同行为一道纳入高校思想政治教育工作质量评价系统。总之，思想政治教育工作质量主观评价，一方面要遵循思想品德形成和发展规律，另一方面还要努力建构高校思想政治教育工作质量评价的科学体系，唯有如此，才能获得全面客观的评价数据，提升高校思想政治教育工作质量主观评价的效度。

高校思想政治教育工作质量评价，不仅应该坚持客观评价原则和主观评价原则，还应该坚持客观评价与主观评价的有机统一，以在思想政治教育工作质量评价过程中充分发挥各自优势，并使之融合于特定思想政治教育工作质量评价活动中。坚持客观评价与主观评价有机融合要做到如下四个方面：其一，评价标准制定的客观性。制定评价标准要坚持一定的原则，这些原则要体现客观性，即要依据高校思想政治教育工作的内容制定评价标准，即教育什么内容、要求什么内容，就要评价什么内容；要依据可测度的内容制定评价标准，要依据社会认可和能够接受的程度来制定评价标准。其二，评价的内容要具有客观性。高校思想政治教育工作的内容和要求是非常丰富的，涉及多个方面，但经过抽象，整体上可把它概括为三个方面，即知识的理解、观念的接受、行为上的实践。因而，高校思想政治教育工作质量评价内容应该集中在这样三个方面。其三，评价方法的客观性。高校思想政治教育工作内容要求的三个方面，各有不同的特点，因而要根据实际采取不同的方式方法进行评价。知识的理解可以通过记名考试的方式进行，观念上的接受可以通过常规的无记名问卷调查，这样可以测度人们接受了哪些观念，拒绝哪些观念，无记名的方式更容易使人真实地表露自己的态度和价值取向；行为上的要求可以通过对人员的行为进行宏观统计分析，这些统计分析可以反映出其接受教育的效果。在具体规定这三方面的评价标准和方法的时候，要分别规定出它们各自层级的指数，诸如效果非常好、效果比较好、效果不好、效果非常不好的标准界限划定。其四，主观标准要具有客观性。所谓主观标准具有客观性，是指高校思想政治教育工作质量评价标准的制定要客观地反映现实。我们知道，任何评价标准所要测度评价的内容都是客观的，但由于评价标准制定的主体是人，难免要受到主体的认识水平、价值理念等方面的影响，因而评价的标准不能不具有主观性。但是，评价标准也具有客观性，一方面，具有主观性的评价标准一旦制定完毕，就成为客观的东西，就成为人们必须遵循的准则；另一方面，主观的标准要尽量客观地反映现实，人的知识理解达到多少为好、多少为不好，观念接受达到什么程度为满意或是不满意，人的行为外化到什么程度为理想状态、什么程度为不可接受的状态。说到底，高校思想政治教育工作质量评价的主观标准要有客观性，就是在制定评价标准的过程中，要广泛征求家庭、学校、社会各界的意见，并取得政府的认可，反映主流意识形态。这既可以更好地吸收多方面的意见，又可以在实际评价过程中获得理解和支持。主观性标准除客观反映人们的愿望要求外，也意味着评价内容的客观性，即一定要真实反映评价内容的实际。由此可见，评价标准制定的客观性、评价内容的客观性、评价方法的客观性、主观标准具有客观性四个方面构成了高校思想政治教育工作质量评价坚持客观评价与主观评价有机统一的着力点。总之，高校思想政治教育工作质量评价要获得全面客观的评价数据，公正、客观、准确地评价思想政治教育工作的质量，在思想政治教育质量评价体系中，必须充分实现评价主体与评价客体的互动，整合主观评价和客观评价，坚持客观评价与主观评价相统一的原则。

第三节　结果评价与过程评价相统一

思想政治教育实践是一个不断开展、发展和完善的过程，实施思想政治教育工作质量评价也是一个动态性、系统性工程。思想政治教育的根本目的就是"提高人们的思想道德素质，促进人的自由全面发展，激励人们为建设中国特色社会主义，最终实现共产主义而奋斗"❶。这也是思想政治教育的方向和性质。思想政治教育工作的目标是面向未来，以发展为目的的，然而其工作效果的呈现却通常具有一定的滞后性，需要一个逐步显现和不断提高的过程，这就决定了要科学评价高校思想政治教育工作的质量，既应关注当下可见的实际工作和效果，又应坚持动态的、发展的眼光，关注思想政治教育工作的发展过程和长期效果。也就是说，高校思想政治教育工作质量评价应坚持结果评价和过程评价相统一

---

❶ 陈万柏，张耀灿. 思想政治教育学原理 [M]. 北京：高等教育出版社，2007：73.

的原则。为深入把握这一原则，拟将从结果评价原则的所指及依据、过程评价原则的所指及依据，以及实现二者统一的所指和要求等方面来对高校思想政治教育工作质量评价坚持结果评价与过程评价相统一原则进行分析。

高校思想政治教育工作质量评价应该坚持结果评价的原则。"思想政治教育是指一定的阶级、政党、社会群体遵循人们思想品德形成发展规律，用一定的思想观念、政治观点、道德规范，对其成员施加有目的、有计划、有组织的影响，使他们形成符合一定社会、一定阶级所需要的思想品德的社会实践活动。"❶ 作为深入和系统研究如何做人的工作的一门学问，思想政治教育的出发点和归宿是引导人的理想信仰、思想观念、政治观点、道德品质、人格品质和价值追求的形成和发展。思想政治教育是以人为对象的教育活动，主要解决人的思想、观点、立场等问题。在这种意义上看，高校思想政治教育工作质量评价，应坚持结果评价的原则。结果评价是指评价工作组通过听取汇报、发放问卷、深度访谈等形式了解掌握高校思想政治工作的开展情况、教育效果、受教育对象对教育目标的完成情况等整体情况。对思想政治教育结果的评价，首先体现为对教育目标完成情况的评价，具体包括受教育者的政治立场、政治方向以及以此为指导的实践活动。党的十九大报告指出："必须推进马克思主义中国化时代化大众化，建设具有强大凝聚力和引领力的社会主义意识形态，使全体人民在理想信念、价值理念、道德观念上紧紧团结在一起。要加强理论武装，推动新时代中国特色社会主义思想深入人心。"因而，从这个意义上看，新时代高校思想政治教育工作结果评价最为重要的时代内涵，就是要评价是否能以习近平新时代中国特色社会主义思想武装青年学生头脑，转化为学生的思想自觉与行为自觉。

高校思想政治教育工作质量评价应坚持过程评价。实践活动具有过程性，因而思想政治教育实践活动追求的及形成的一定结果，都是在一定的思想政治教育过程中实现的，都是思想政治教育工作的动态展开过程。高校思想政治教育工作质量要通过思想政治教育过程来实现，思想政治教育过程运行状况体现着思想政治教育质量的状况。通常而言，高校思想政治教育的效果往往难以立竿见影，而是在实施了一段时间后才能体现出来，所以日常信息的收集和积累，对思想政治教育过程的关注不可或缺。思想政治教育质量的过程评价是指由评价工作组讨论制定或参照既有的思想政治教育评价指标体系实施对思想政治教

---

❶ 张耀灿，郑永廷，等. 现代思想政治教育学 [M]. 北京：人民出版社，2006：50.

育队伍质量、思想政治教育对象接受情况、思想政治教育内容、教育方法、教育形式和手段等的评价。因而，在这种意义上，思想政治教育工作质量评价应该坚持过程评价的原则。所谓过程评价原则是指评价工作组借助长期的追踪、观察、反馈，及时了解掌握高校思想政治教育工作的发展变化过程及趋势，重点关注高校思想政治教育工作的动态变化以及长远效果。

高校思想政治教育工作质量评价不仅应该坚持结果评价和过程评价，还应该坚持结果评价与过程评价相统一。坚持结果评价和过程评价的统一，是推动全面客观评价思想政治教育工作质量的根本保证。思想政治教育结果评价侧重思想政治教育静态效果的评价，过程评价侧重评价思想政治教育的动态变化和趋势，两者相辅相成，互为补充。过程评价更多关注高校思想政治教育的具体过程和动态发展，或是从前后变化的对比视角进行评价，而非仅就思想政治教育的当前状态进行静止性评价，通过过程评价，有助于了解高校思想政治教育工作的发展变化历程和真实水平，实现自身的纵向比较。坚持过程评价，有助于多角度、全过程地评价思想政治教育工作的真实状况，鼓励开展创新性工作，把创新成果纳入评价指标体系，实事求是地反映思想政治教育工作的质量和水平。思想政治教育结果评价可以充分发挥其鲜明的价值导向性，引导高校思想政治教育实践适应人和社会的发展需要，确保教育活动高效有序地运行，保证高校思想政治教育工作的正确方向。只有导向正确，才能防止思想政治教育的偏离和教育过程的失序，从而使高校思想政治教育工作始终沿着正确的方向来运行。在当前多种社会思潮并存、思想文化领域多元化发展背景下，客观、科学的思想政治教育结果质量评价有助于推动习近平新时代中国特色社会主义思想入脑入心，巩固马克思主义在意识形态领域的指导地位。可见，高校思想政治教育工作的目的具有明确性，但由于思想政治教育对象的复杂性以及思想政治教育工作自身的特殊性，决定了实现高校思想政治教育的目标难以一蹴而就，只能是循序渐进的。因此，结果评价和过程评价都不可缺少，对高校思想政治教育工作的结果和过程进行全面评价，对比过程评价几个阶段呈现的具体数据，描述高校思想政治教育工作发展的动态曲线，结合结果评价暴露出的问题，进行不同教育阶段的对比分析，根据各种信息反馈分析教育理念、教育目标、教育内容、教育方式、教育对象、教育者等各个方面存在的问题，进而依据过程评价反馈的数据进一步修正、完善高校思想政治教育过程，总结思想政治教育工作规律，针对存在的问题提出切实的改进措施，达到以评促改、以评促建的效果。

高校思想政治教育工作质量评价坚持结果评价与过程评价相统一，有利于防止思想政治教育工作质量评价过程中出现将思想政治教育工作质量评价的结果评价与过程评价相互割裂开的偏向。很多时候，我们在对高校思想政治教育对象的接受情况进行评价和分析时，主要是基于教育对象的短期的或阶段性的表现来做出评判。事实上，这只是评判思想政治教育对象接受质量的一个方面，我们还需要对受教育者所受到的长远影响进行跟踪监测和评价，即把短期的即时效果和长远的关乎教育对象一生成长的影响两个方面结合起来考察。正如习近平总书记在高校思想政治工作会议讲话中强调的那样，思想政治理论课教学质量效果并不是即时效果，而是为学生一生成长奠定科学的思想基础，是着眼于长远发展的。有学者也指出："从质量评价和教学效果评价的差异性来看，由于教学质量的显现并不是教学状况的直接反映，也就是说教学质量的作用是一个长效的过程，而教学现状的评价较注重短期效应，有时候课堂教学短期效应较好，并不意味着教学质量很高。"这表明，在考察和评价思想政治教育对象的接受质量时要关注和重视长期效果的评价，即关注思想政治教育在教育对象成长发展中所形成的影响和作用。

开展高校思想政治教育工作质量评价，必须坚持结果评价与过程评价的有机统一。坚持结果评价和过程评价的统一，是推动高校思想政治教育工作创新发展的客观需要。正如前述所言，思想政治教育工作质量评价较多采用结果评价的形式，结果评价的指标体系相对容易制定，实施起来可操作性较强，借助结果评价，较容易进行同时期不同评价结果的横向比较。然而，思想政治教育工作的目标是面向未来，以发展为目的的，其工作效果的呈现通常具有一定的滞后性，需要一个逐步显现和不断提高的过程，这就决定了高校思想政治教育工作质量评价应坚持结果评价与过程评价相结合，两者的有机结合有助于多角度、全方位检测和提升高校思想政治教育工作质量，从而有利于制定有针对性的措施对思想政治工作过程、结果进行有效调控和优化调整，推动高校思想政治教育工作创新发展。思想政治教育结果评价与过程评价有机统一于高校思想政治教育工作质量评价过程。划分思想政治教育过程评价和结果评价的依据，主要是评价时间与目的的不同。过程评价、结果评价各有侧重，前者主要评价思想政治教育的具体过程，侧重受教育者的情感、态度、价值观等的变化历程，目的主要是考察思想政治教育的实施过程；后者主要评价思想政治教育的最终效果，侧重受教育者的政治立场和方向，实施结果评价主要目的是反思思想政治教育的教育成果。高校思想政治教育工作质量评价不应是微观意义上对思想政治教育过程的评价，也不应是只注重过程而不注重结果的评价，而是围绕高校思想政治教育目标，对思想政治教育动机、过程和效果进行的三位一体的评价，因此要客观公正地评价高校思想政治教育工作质量，就要坚持过程评价和结果评价相统一的原则。

第四节　定性评价与定量评价相统一

为了更好地反映高校思想政治教育工作质量的基本状况，在思想政治教育工作质量评价中还应该坚持定性评价与定量评价相统一原则。在高校思想政治教育工作质量的评价过程中，坚持定性评价与定量评价必须充分认识到二者的科学内涵以及"为何要""如何坚持"定性评价与定量评价相统一的问题。

高校思想政治教育工作质量评价坚持定性评价与定量评价相统一，必须充分认识到定性评价和定量评价的所指。这是提出高校思想政治教育工作质量评价坚持定性评价与定量评价相统一必须充分把握的基本环节。只有明白了什么是定性评价和定量评价，才能深入把握思想政治教育工作质量评价坚持定性评价与定量评价的统一。

一般来说，定性评价和定量评价都是评价领域经常使用的方法，并且有着明确的内涵和所指。定性评价，一般是指用语言描述形式以及哲学思辨、逻辑分析揭示被评价对象特征的信息分析、处理方法。其目的是把握事物质的规定性，形成对被评价对象完整的看法。它是分析和处理评价信息最常用的方法之一。可见，定性评价是采取归纳和演绎、分析与综合以及抽象与概括、经验判断与观察的方法，对评价对象平时的表现、现实和状态或文献资料的观察和分析，直接对评价对象做出定性结论的价值判断，侧重从高校思想政治教育工作的性质方面对被评价高校进行综合分析与评判，通过去粗取精、去伪存真、由此及彼、由表及里，形成对高校思想政治教育工作效果与价值的科学判断与评价。定量评价，一般是指用数值形式以及数学、统计方法反映被评价对象特征的信息分析、处理方法。其目的是把握事物量的规定性，客观简洁地揭示被评价对象重要的可测特征。可见，定量评价是采用数量分析的方法，收集和处理数据资料，对评价对象做出定量结果的价值判断，侧重运用数据的形式对评价高校表现出来的一些量的关系的整理和分析，从数量上相对精确地反映评价高校思想政治教育工作的局部或整体面貌，以把握高校思想政治教育工作的价值高低。

高校思想政治教育工作质量评价坚持定性评价与定量评价的相统一，不仅要充分认识到定性评价和定量评价的所指，同时还要充分认识到思想政治教育工作质量评价坚持定性评价与定量评价的依据。在高校思想政治教育工作质量评价领域坚持定性评价有深刻的内在根据。高校思想政治教育工作是一项服从、服务于特定经济社会发展特别是特定社会中占支配地位的阶层的社会实践活动，在当代中国，思想政治教育工作应该服从、服务于党和国家、人民的需要，更好地为我国经济社会发展提供政治方向保证和价值导向。高校思想政治教育工作并不是一项"价值无涉"的工作，而是一项有着鲜明方向性和价值导向性的工作。对高校思想政治教育工作质量的评价，就应该充分把握评价对象是否坚持或符合高校思想政治教育工作的这种方向性和价值导向性。因而在这种意义上，高校思想政治教育工作质量评价应充分利用定性评价的方法。同时，高校思想政治教育工作质量评价坚持定量评价也有深刻的内在根据。高校思想政治教育作为一项社会实践活动，也有自己"量"的方面的特征，有着"量"的方面的规定性，有着一定的数量特征。这些"量"的特征规定着高校思想政治教育工作的基本状况和思想政治教育工作质量的高低。例如，具体院校思想政治教育工作的规模大小、活动开展的次数、人员构成乃至于业务工作相结合产生的实际效益等都具有一定的"量"的方面的规定性。因而，高校思想政治教育工作质量评价也应该坚持定量评价。如果说高校思想政治教育工作质量评价的定性评价侧重于从性质方面对被评价对象进行综合分析与评判，揭示出质量评价对象的好坏，那么高校思想政治教育工作质量的定量评价侧重于把握事物量的规定性，以客观化、精确化、量化，客观简洁地揭示被评价对象重要的可测特征，揭示出质量评价对象的高低。

高校思想政治教育工作质量评价，不仅要充分认识到高校思想政治教育工作质量评价应该采用定性评价和定量评价，同时，还应该充分认识到在思想政治教育工作质量评价过程中应该坚持定性评价与定量评价的统一。就是说，在高校思想政治教育工作质量评价中不仅要运用定性评价和定量评价，还应该在具体的思想政治教育工作质量评价活动中将定性评价与定量评价有机结合起来。马克思主义哲学原理告诉我们，任何事物都是质与量的统一体，既没有脱离事物"质"的单纯"量"的存在，也没有脱离事物"量"的单纯"质"的存在。因而，任何事物都是质和量的统一体，决定了在实际运用中，定性评价的方法和定量评价的方法并不能截然分开。定性分析和定量分析这两种方法各有所长，两者优势互补。评价者绝不能根据自己的偏好，盲目地信奉、赞赏某一种方法，而排斥、贬低另一种方法。在分析评价高校思想政治教育工作数据时，评价者应当根据评价信息的特性和多种相关因素选择最适当的方法。如果评价信息主要用于帮助被评价者改进工作时，定性的分析比定量的分析更有价值；而当评价的主要目的是比较、评比时，定量分析更为适合。因此，在高校思想政治教育工作质量评价过程中只有坚持质与量的统一，并根据具体情况选取适应的评价方法，才能充分、客观地测评到高校思想政治教育工作的质量状况。这就要求在高校思想政治教育工作质量评价中评价者应当尽可能地融合使用两种方法，从质和量两个侧面把握质量评价的本质特性，在此基础上对高校思想政治教育工作质量状况做出符合实际的综合判断。

高校思想政治教育工作质量评价坚持定性评价与定量评价相统一，既要充分认识到定性评价与定量评价的辩证统一关系，同时也要避免当前在处理两者之间关系上存在的一些偏向。在当前高校思想政治教育工作质量评价中存在着一种偏向，即过度强调定量评价，一味地追求数据的量化和客观标准化，盲目地迷信数据。不可否认，定量评价强调数量计算，以教育测量为基础。它具有客观化、标准化、精确化、量化、简便化等鲜明的特征，在一定程度上满足了以选拔、甄别为主要目的的评价需求。但过度强调定量评价往往易导致只关注可测性的品质与行为，处处、事事都要求量化，强调共性、稳定性和统一性，过分依赖测验形式，有些内容勉强量化后，只会流于形式，评价结果无法对客观现实做出恰如其分的反映。原因在于，它忽略了那些难以量化的重要品质与行为，忽视个性发展与多元标准，把丰富的个性心理发展和行为表现简单化为抽象的分数表征与数量计算。这就决定了在高校思想政治教育工作质量评价中应防止片面追求过度的定量评价。定性评价与定量评价各有侧重，缺一不可。在高校思想政治教育工作质量评价中，定性评价注重"质"的判断，是对高校思想政治教育工作质量评价对象的本质属性的鉴别与确定；定量评价注重"量"的方面，是通过数字、指标来量化表示高校思想政治教育工作的综合特征和水平。坚持定性评价与定量评价相统一，主要是由高校思想政治教育工作质量及其评价的复杂性、抽象性和隐蔽性决定的。一般来说，具体的指标容易测量，抽象的指标难以测量；定量的指标容易测量，定性的指标难以测量。然而，事实上，在实际工作中高校思想政治教育工作的"质"和"量"往往是难以严格区分的，而是密切联系、互相转化的，没有明确的分界线的。因此，定性分析与定量分析应相互补充、统一于高校思想政治教育工作质量评价。其中，定性分析是定量分析的基本前提，没有定性的定量是一种盲目的、毫无价值的定量。定量分析使之定性更加科学、准确，在对量的科学分析基础上全面、科学把握高校思想政治教育工作质量。

总而言之，坚持定性评价与定量评价相统一的原则对更准确反映高校思想政治教育工作质量状况具有突出的必要性。只有充分贯彻、坚持定性评价与定量评价的统一，才能应对新时代高校思想政治教育质量评价的复杂性，充分而全面判断高校思想政治教育工作质量状况。在高校思想政治教育工作质量评价过程中坚持定性评价，才能从性质方面充分把握高校思想政治教育工作质量评价对象是否坚持、贯彻或体现了思想政治教育工作质量的方向性和价值性；同时，在高校思想政治教育工作质量评价过程中坚持定量评价，才能从数量上相对精确地反映评价对象的局部或整体面貌。更为重要的是，在高校思想政治教育工作质量评价过程中坚持定性评价与定量评价的统一，才能更深刻全面地从"质"和"量"两个侧面把握质量评价对象的特性，对高校思想政治教育工作质量状况做出更符合实际的综合判断。

第五节　精确评价与模糊评价相统一

高校思想政治教育工作质量评价在坚持政治评价与业务评价、客观评价与主观评价、结果评价与过程评价、定性评价与定量评价的基础上，还应该坚持精准评价与模糊评价相统一。这是高校思想政治教育工作质量评价不可缺失的原则，也是新时代思想政治教育工作评价必须贯彻始终的原则。无论是政治评价与业务评价相结合的过程，还是客观评价与主观评价相结合的过程，抑或是在结果评价与过程评价相结合、定性评价与定量评价相结合的过程中，都要始终贯彻精准评价与模糊评价的统一。可以说，精准评价与模糊评价有机统一于高校思想政治教育工作质量评价之中。为更好把握这一原则，须充分认识模糊评价和精准评价的所指以及精准评价与模糊评价相互统一的依据，同时也应深刻把握坚持精准评价与模糊评价相统一时应注意的一些问题，从而增强在高校思想政治教育工作质量评价中坚持精准评价与模糊评价的自觉性、坚定性和科学性。

　　高校思想政治教育工作质量评价坚持精准评价与模糊评价的统一，必须充分把握精准评价和模糊评价的所指。只有明白了精准评价和模糊评价的所指，才能进一步深入理解高校思想政治教育工作质量评价的精准评价和模糊评价的科学内涵。精准评价，一般来说是对评价对象进行全面系统、科学严谨并给出准确结果的评价，侧重评价的信度和效度，注重评价过程、结果和环节的精确性和准确性。对于任何一项评价活动而言，为了更好地获得理想的评价效果，从本质上看，都应该在各个环节追求评价的科学严谨性，都要求有明确的标准、严格的程序乃至令人信服而明确的结果。与精准评价相比，模糊评价，一般来说是对评价对象的基本状况、发展趋势乃至因果关系给出一个大体的、笼统的判断或预测，侧重评价的相对性和预测性。任何一项评价活动，都不可能穷尽评价对象的所有方面，也不可能对所有方面进行评价，更无法对评价结果进行毫厘不差的描述，因而这决定了在评价活动中为了更好地反映评价对象，对评价对象的基本现状、发展趋势、因果关系乃至最终结果进行描述，应采用模糊评价。精准评价和模糊评价都是评价活动必须坚持的原则，有着不同的内涵和所指。如果说精准评价侧重评价的客观性和精确性，那么模糊评价则体现评价的主观性和相对性。在高校思想政治教育工作质量评价中精准评价和模糊评价有着不同的科学内涵及其根据。精准评价是高校思想政治教育工作质量评价的本质要求。

　　思想政治教育工作质量评价坚持精准评价，要求在高校思想政治教育工作质量评价过程中精准地确定评价的内容，制定客观有效的评价标准及其指标体系，采用科学有效的信息收集方式和手段，制定严格的质量评价程序，并对质量评价状况做出具有信度和效度的描述。同时，高校思想政治教育工作质量评价中的模糊评价也有内在的必要性和科学内涵。与一般的实践活动相比，高校思想政治教育工作实践活动是一项非常复杂的实践活动，关涉诸多影响因素。思想政治教育工作从根本上说是做人的工作。"做人的工作"是高校思想政治教育工作的重要特点和特色，而人这一主体的思想水平、政治觉悟、道德品质、文化素养处于不断变化的过程之中。以上种种决定了高校思想政治教育工作质量评价不能依靠单一的精确测评，须将模糊评价纳入评价体系。

　　高校思想政治教育工作质量评价坚持模糊评价，要求在思想政治教育工作质量评价中充分把握高校思想政治教育工作质量评价的复杂性，科学预测高校思想政治教育工作对青年学生思想观念、政治观点和道德行为的影响，对特定的思想政治教育工作质量状况做出总体把握和分析，并能相对区分和把握不同部门或院校的思想政治教育工作质量状况。

高校思想政治教育质量评价应坚持精准评价与模糊评价的有机统一。在高校思想政治教育工作质量评价活动中，精准评价与模糊评价是紧密联系在一起的，精准评价应是模糊评价的方向，模糊评价也应以精准评价为基础。模糊评价是精准评价基础上的模糊评价。高校思想政治教育工作质量评价中的模糊评价并不是纯粹的模糊，而是始终贯彻和体现着精准评价的要求，是为了适应高校思想政治教育工作实践活动及其质量状况的复杂性，特别是青年学生思想观念的复杂性，进而采用相对模糊的方式来衡量或预测思想政治教育工作的质量状况。在运用模糊评价的过程中，是以精准地确定评价对象的内容、标准和指标乃至使用科学严谨的评价程序为基础的，没有这些评价活动的精确性，所产生的模糊评价的结果缺乏科学性。同时，精准评价要想实现自身的精准性也应该在精准评价过程中使用模糊评价来深入反映高校思想政治教育工作质量的状况，以更好地适应高校思想政治教育质量评价的相对性、条件性，更好地适应高校思想政治教育工作质量的持续性和潜在性。因此，在高校思想政治教育工作质量评价过程中应充分认识精准评价与模糊评价相统一的必要性，并将精准评价与模糊评价融合贯彻于高校思想政治教育工作质量评价实践，以充分反映、把握高校思想政治教育工作质量状况。目前，高校思想政治教育质量评价在一定程度上仍存在精准评价与模糊评价结合不够紧密，评价不够精准、模糊笼统的状况。高校思想政治教育工作质量评价涉及非常丰富的内容，按照被评价内容的特征划分，既包括硬件内容，又包括软件内容。对于比较确定和比较容易测量与评价的硬件内容，可以凭借科学方法和技术手段运用定量分析进行评价，如思想政治理论课出勤率、思想政治教育实践活动开展的数量等；对于软件内容，基于思想政治教育工作的特殊性，其工作效果主要体现为高校师生思想的变化以及由思想变化带来的外在行为的变化，如对教育对象思想水平、政治觉悟、道德品质、文化素养的评价等，其具有不好精确测量、不易量化的特点，难以进行精确评价。对此，模糊评价是相对科学的评价方法。因此，在新时代应进一步深化把握精准评价与模糊评价的内涵与外延，推动二者在高校思想政治教育质量评价中的具体的有机融合。

从一定程度来看，坚持精准评价与模糊评价相统一，体现了高校思想政治教育工作质量评价体系中评价内容的具体清晰与评价标准相对性的统一。在思想政治教育工作质量评价中，精确评价是指准确选取和界定指标体系中各个指标的内涵和外延，各项指标都要有明确具体且独特的含义，评价指标的内涵必须清晰，内容精练、意义清晰，绝不能含糊不清、模棱两可、模糊抽象；也不能出现人云亦云、见仁见智、漂浮游移的情况，更不能出现标准片面，甚至错误的情况。由于高校思想政治教育的特殊性，在具体实施政治与业务评价、主观与客观评价、过程与结果评价、定性与定量评价的过程中，往往需要采取"模糊"的方式。这里的"模糊评价"并非内容含糊不清、指标不确定，而是指由于高校思想政治教育工作质量评价的特殊性而导致的评价标准的相对性，即用区间的数字来标示思想、情感、态度等模糊变量的等级，"测评标准"（主要测评点）的具体评价一般都是采用"划分等级"或依据"主观模糊印象评定"来进行，等级划分具有相对性，一般分为"优良中差"或者"A、B、C、D"等级，相邻等级之间的界限不明确、不清晰、差距不大。

总而言之，高校思想政治教育工作质量评价必须坚持精准评价与模糊评价的统一。坚持精确评价和模糊评价相结合，一定程度上解决了思想政治教育工作的投入产出不完全对等、部分指标体系难以精确测评等现实问题，也是辩证思维在高校思想政治教育工作质量评价中的灵活运用和生动实践。坚持精准评价与模糊评价相统一，是构建科学的高校思想政治教育工作质量评价体系，增强高校思想政治教育工作质量评价的科学性和针对性，切实提高新时代高校思想政治教育工作质量的客观要求。

高校思想政治教育质量评价的有效推进须建立在遵循科学原则的基础之上，总体而言，即须坚持政治评价与业务评价相统一、客观评价与主观评价相统一、结果评价与过程评价相统一、定性评价与定量评价相统一、精准评价与模糊评价相统一的原则。

第七章 高校思想政治教育工作质量评价方法

面对高校思想政治教育工作质量评价这样的命题，如何评价，评价的主体是谁，评价的具体方法有哪些，均是学理与实践中需要思考的重点。本章聚焦于目前高校思想政治教育工作质量评价的具体方法及应用介绍，以期为实际的评价工作提供参考。

第一节 方法取向

西方教育评价学的发展最早可追溯至 20 世纪初，历经了测验、描绘、判断、建构四个阶段。20 世纪 80 年代兴起"第四代评估理论"，由美国著名评价专家林肯和库巴创立，在其专著《第四代评估》中提出："评价就是对被评事物赋予价值，它本质是一种心理建构，评价描述的人或团体关于评价对象的一种主观性认识，是一种通过协商而形成的共同的心理构建。"❶ 评估理论的发展深刻地影响了评估实践活动，代表了一定时期人们对于评估的认识，从而反映出该阶段秉持的评估理念、评估的方法选择偏好等。我国思想政治教育工作质量评价的实践相较于教育评价学的实践较晚，其在评估取向上杂糅了四代评估理论的特点，表现出较为鲜明的两种方法取向：一种是质性评价取向；另一种是量化评价取向。

---

❶ 古贝，林肯. 第四代评估 [M]. 秦霖，蒋燕玲等译. 北京：中国人民大学出版社，2008：55.

一、质性评价取向

质性评价方法，也被称为自然主义评价（naturalistic evaluation）范式，是以建构主义为理论基础，在认识上反对科学实证主义的基本观点，反对把复杂的教育现象和课程现象简化为数字，认为依靠一系列测量所得到的数据并不能够对教育现象及其背后的原因做出合理解释，且有可能丢失重要信息的一种评价方法。质性评价首先强调采用质的方法开展评价活动，重点在于评价方法从运用量化的、实证主义的方法向强调运用定性的、自然主义的方法转变，评价方法是动态的、多元的和情境化的。例如，在学生学业质量评价中，区别于标准化测验，质性评价关注的是学生学习、发展的整体情况，以及在具体情境中运用知识的能力，评定内容侧重对知识的深层理解，问题比较开放或为非结构的，甚至难以找到标准答案。其次，质性评价强调评价主体的多元性，要求学生、教师、家长和同辈群体共同参与评价过程。复杂科学理论认为，教育评价活动本身具有复杂性，而评价的生命力就在于评价活动是多主体共同参与和协商的活动。仅单靠单一主体实施评价，由于信息来源渠道的单一性以及评价主体自身认识的局限性，难免会影响评价结果的客观性、真实性和准确性。同时，质性评价结果的呈现注重现象描述、背景全貌的勾勒和行为背后原因的解释，不同于标准分数，也很少用好与坏、优与差这样的话语。

质性评价方法的核心特点是注重对事物进行定性的描述，强调通过教育现象看到教育的本质。教育以培养人为目标，活动具有复杂性、人文性和多变性，单用"客观事实的数据"无法展现教育质量这一综合结果，因而，质性评价在教育质量评价过程中是非常必要的方法取向。但由于我国教育质量评估的历史不长，在评价方法、评价模式等方面经验有限，尤其是对思想政治教育质量进行评价更是缺少同质的国际经验的借鉴。在质性评价方法的运用中曾出现诸多问题。例如，评价过程中主观性因素过强，以专家入校访谈、观察为主的政府评价模式存在些许不足，评价结论的得出存在过多依赖一己经验的倾向。再如，在质性评价规范性程序履行方面，部分高校为迎接检查和质量评价，过度专注于评价标准的文本分析，在自评报告撰写过程中容易"以本为本"，忽略学校自身实际情况。随着质量评价经验的累积、高校思想政治教育工作质量评价研究工作的推进，尤其是信息化及大数据的应用范围的扩大，高校思想政治教育工作质量评价不再局限于质性的评价和"价值判断"，更多地走向质性和量化的融合，在方法上体现为混合方法的应用。

二、量化评价取向

追本溯源，可以说教育评价脱胎于教育测量活动，是对教育活动满足社会与个体需要的程度做出判断的活动，是对教育活动现实的（已经取得的）或潜在的（还未取得，但是可能取得的）价值做出判断，以期达到教育价值增值的过程。这样的特性决定了教育评价活动本身所具有的"量的思维"。随着数据理念的盛行，以往模糊的质性评价方法逐渐暴露出局限性。一直以来采用的讨论评议、总结鉴定等定性方法不再能够满足思想政治教育工作质量评价的需求。20 世纪 80 年代，在德育评价领域开始引进量化方法，即采用量表计分法对学生德育发展水平进行评价。在此过程中，除了强调量表体系的构建，在数据收集、清理、挖掘方面都有所尝试，对于量表测验法、层次分析法、问卷调查法等量化方法的应用逐步得到扩展。

以往对于思想政治教育质量的评价处于经验性、描述性的阶段，评价方式主要有问卷调查、访问、座谈、考察等形式，主要依靠经验判断方式居多。总体来说，评价过程较为模糊，主观经验过强。运用量化的方法，能够通过有效数据勾勒思想政治教育工作成效，追踪学生成长，做到可测量、可观察、可交互分析。而且使用计算机等现代化工具来处理相关信息，能尽可能减少主观随意性，提高质量评价工作的科学性。但思想政治教育工作涉及学生主体思想、观点、思想品质等诸多方面要素，其质量构成及其呈现较为复杂和内隐，完全依靠量化评价也会造成评价的失真或失效。评价本身就是一种定量与定性的结合，对教育过程、教育结果进行数量化描述的同时需要进行价值判定。正如美国学者郎兰德指出的评价公式：评价 = 测量（量的记述）或非测量（质的记述）＋价值判断。由此可见，两种评价取向如同矛盾的两个方面，即互相依存，相辅相成。

第二节　四种模式探究

高校思想政治教育工作内涵丰富，囊括了人才培养的众多方面，思想政治教育工作质量评价是一个多元综合的命题，其中评价对象众多，评价主体多元。从根本来说，对高校思想政治教育工作质量的评价归属于教育评价范畴，作为一种管理活动，必须要有一整套科学合理的评价体系，整套规范、稳定、配套的制度体系，以及推动制度正常运行的组织甚至是法律，而一整套的科学合理的评价体系往往表现为模式（model），是既有理论性又具有可操作性的行为范式。以教育评价为基础，高校思想政治教育工作质量评价模式主要有以下四种。

一、过程模式

过程模式最为典型的代表即为 CIPP 模式，是美国学者斯塔夫比姆在 1967 年提出的一种评价模式，该模式最基本的观点是：评价最重要的目的不在证明，而是改进。该模式下通常将工作质量评价分为四个阶段，分别是背景描述（context）阶段、信息输入（input）阶段、信息处理（process）阶段、结果输出（product）阶段，此模式着重于过程评价，以信息的输入和处理作为评价模式的主要手段。

第一，背景描述阶段。背景评价是根据社会发展需要和评价对象的需要对教育目标本身做出价值判断，即确定教育计划实施机构的背景；明确评价对象及其需要；明确满足需要的机会；诊断需要的基本问题；判断目标是否已反映了这些需要。背景评价强调应根据评价对象的需要对教育目标本身做出判断，明晰两者是否一致。

第二，信息输入阶段。对达到目标所需而且可能获得的条件进行评价，本质上是一种方案可行性评价。

第三，信息处理阶段。对方案实施情况不断检查，即对是否按计划实施方案，是否以有效方式利用现有资源等进行评价。例如，通过描述实际过程来确定或预测教育设计本身或实施过程中存在的问题，从而为决策者提供如何修正教育计划的有效信息。

第四，结果输出阶段，即要测量、解释和评判教育计划的成绩。收集和结果有关的各种描述与判断，把它们与目标以及背景、输入和过程反面的信息联系起来，并对它们的价值和优点做出解释。

CIPP 模式整合了背景评价、输入评价、过程评价和结果评价，具有较强的系统性。因而被广泛应用于对课程的全过程评价，通过整合诊断性评价、形成性评价、终结性评价，可以塑造全方位、全过程的评价体系，充分发挥质量评价的功能。但由于该模式过分注重描述性信息，从而易忽视对方案及其实施的价值判断，在具体应用中应注意加以克服。在高校思想政治教育质量评价实践中，基于 CIPP 模式，可对大学生社会实践育人成效的评价体系进行研究，亦可将其应用于高校爱国主义教育课程的质量评价体系构建中。

案例 1：高校国防教育具有复合性、潜在性、战略性和连续性的特点，受施教条件、教学、管理等多方面的影响，各院校间的校际差距较为明显。在此背景下，用统一的目标方式进行终结性课程评价，难以体现爱国主义教育课程教学的实际效果，评价结果也较为片面。基于 CIPP 模式构建评价体系，有助于将整个教学过程纳入评价范围，推动课程改革。

基于 CIPP 模式的四个过程，可按照背景评价、输入评价、过程评价、结果评价四个一级指标及课程目标制定、机构设置、人员配置等二级指标构建高校爱国主义教育课程质量评价指标体系，选择与其相适应的评价方法，如表 7 – 1 所示。

表 7 – 1　基于 CIPP 模式的民办高职院校爱国主义教育课程评价模式构建

阶段	目标	内容	评价要点	评价方法
背景评价	对课程目标进行诊断性评价	课程目标以国防教育为主线，以军事理论教学为重点，通过军事课教学，使学生掌握基本军事理论与军事技能，具有爱国主义与集体主义精神，强化国家安全意识，提高国防素养，为中国人民解放军训练储备合格后备兵员和培养预备役军官打下坚实基础	回答本校军事课程总目标和具体目标是否符合本校实际；课程计划是否符合实际等	文献研究法 访谈法 问卷调查法 专家咨询法
输入评价	对课程方案实施的可能性进行评价	基于背景评价，对实现课程目标所需要的设施条件、人员配备、组织机构、规章制度等进行评价	回答保障条件是否能够满足需要	观察法 文献法 问卷调查 专家咨询法
过程评价	对教学过程进行不间断地监督、检查和反馈	将课程实施过程中的信息进行详细记录并进行即时反馈，以便对课程方案进行调整	关注课程实施，对教师在教学方法、教学内容和态度方面是否体现出课程特色	跟踪听课 现场观摩 问卷调查 访谈法
结果评价	对课程效果所达到的目标和非预期效果进行评价	总结课程信息，为新的课程教学方案的设计提供决策依据	教学组织效果的实现程度；资源利用的程度；学生学习收获；课程目标达成	问卷调查测评

以 CIPP 模式为基础搭建的爱国主义教育课程质量评价体系将评价分为四个紧密相连的环节，各环节之间紧密对接，勾勒出高校爱国主义教育课程的质量全貌，避免了终结

式、"一刀切"的片面性评价，有益于全程性评价的实现。

二、绩效模式

这一模式突出构建理想化目标，以绩效评估为主要方式，对高等学校整体办学进行绩效评价是高等教育资源优化配置的重要手段。该模式可分为以下四种类型。

第一，基于普通多指标的综合评价方法——大学排名。大学排名系统即用一套设计的指标体系按照预先设定的权重进行加权平均，将一定范围内的大学按照分数高低排列。该类模式运用了多种评价方法，如德尔菲法、主成分分析法、层次分析法等。多指标综合分析评价法的缺陷也很明显，如指标体系缺乏设计依据，指标数量的控制缺少相关研究，主观赋权值得思考，等等。现有影响力较强的大学排名分别有：上海软科的世界大学学术排名（ARWU）、英国泰晤士高等教育世界大学排名（THE）、美国 U. S. News 世界大学排名和英国 QS 世界大学排名。每类大学排名都有其自我设计的指标体系，并对每项指标给予了权重安排。

第二，基于平衡计分卡的绩效评价方法。平衡计分卡（the Balanced Score Card，BSC）于 20 世纪 90 年代初由哈佛商学院的罗伯特·卡普兰（Robert Kaplan）和诺朗诺顿研究所所长戴维·诺顿（David Norton）所从事的"未来组织绩效衡量方法"研究中形成的一种绩效评价体系。平衡计分卡打破了单一使用财务指标衡量组织业绩的传统，而是在财务指标的基础上加入了相关驱动因素，即客户因素、内部业务流程和员工学习与成长，在集团战略规划与管理实施方面发挥举足轻重的作用。我国高等教育领域对该类方法尚在讨论阶段，实际应用案例较少。

第三，基于 DEA 的高校绩效评价方法。这是一种典型的非参数评价方法，DEA 模型广泛应用于各类教育机构的绩效评价与分析，其主要通过投入指标和产出指标的模糊对比与计算，比较投入与产出差值，从而得到评价结果。在一些客观性较强的指标上，如师资队伍、建筑面积、图书设施、教育经费支出、生活设施等，该方法表现出较强的应用性，但对于思想政治教育工作强调的"道德发展""学生获得"等，其应用性表现不尽如人意。

第四，基于标杆管理的高校绩效评价方法。标杆管理源于"Benchmark"，可被理解为测量事物时距离参考点或者基准点的差距，即学校自身与标杆院校在各类指标上的比较与差异。标杆管理中重要的步骤是选定标杆院校。

案例2：以某大学学生工作标杆管理的应用为例，可以看出标杆管理在提升学生管理工作效率，激发学生管理活动创新方面的优势。其标杆管理的思路主要分为三个步骤：①优化标杆管理主体，选择好的适合学生发展并乐于让学生接受的主题；②树立标杆管理联盟实现资源共享；③在模式选择上采取不同模式，让标杆管理适应学生自身特点和学习条件。

依据此思路，该校将标杆选择分为了战略型、操作型以及流程型三种。关乎学校建设、关乎学生管理工作的长远目标为战略标杆；集中一点在关键环节并梳理典范的标杆为流程型标杆；通过树标而明确最终工作目标、创造出更好业绩水平的为操作性标杆。标杆管理现在高校思想政治教育工作质量评价中还未得到广泛应用，但标杆管理的方法对院校发现自身不足，找到改进方向，追求明确追赶目标十分有益，值得推广。

"绩效模式"的目标往往由高校思想政治教育工作的上级管理部门制定，效果也主要由上级管理部门评估。"绩效模式"导向性强，重视效率，关注结果，高校思想政治教育工作目标制定以后，工作完成的质量与效果在评价结果中一目了然。然而，由于该模式主要关注结果，不能有效地反映高校思想政治教育工作的进程，评价结果难以面向整体的高校思想政治教育工作，系统性体现不足。同时，构建绩效评价组织需要专业机构的参与并在此扮演重要角色，其职责如图7-1所示。但在实际的评价过程中，专业评价机构参与空间较小，能力范围有限，也阻碍了该模式的推广。

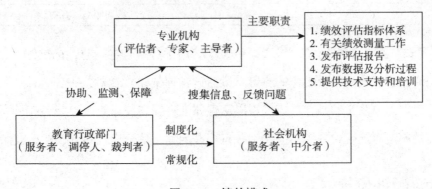

图7-1　绩效模式

三、项目模式

这一模式利用计划行为理论，一般将高校思想政治教育工作质量评价从细分的项目着手，如辅导员队伍建设、大学生理想信念教育等，将这些项目分解为五个要素：态度、主观规范、自觉行为控制、行为意向和行为，并制定相应的要素标准。

案例3：对高校辅导员队伍建设的质量评价，可分为以下几类要素与评价标准，如表7-2所示。

表7-2　辅导员队伍建设评价指标

一级指标	二级指标
工作胜任力	工作理念
	工作能力
	工作态度
	工作作风
日常管理	班级管理
	学风建设
	公寓文化
	校园活动
	突发事件
思想政治教育	党团工作
	思想政治教育/活动
	工作业绩
班级学习成绩	个人奖励
	创新创业教育
就业工作统计	创新创业教育活动
	—
其他	各职能部门协调工作

"项目模式"将"过程模式"与"绩效模式"的优势融合在一起，标准健全，能够较为全面地反映高校思想政治教育工作的质量。虽然这种评价模式在对某一项具体工作进行评价时效果较好，但需要注意的是，该模式难以从整体上把握高校思想政治教育工作的质量，同时要素标准的制定对该模式的影响极大，一旦存在问题，评价模式的有效性难以保证。

四、诊断评价模式

这一模式以问题为导向，重在设定标准，以便及时发现问题，主要应用于课程方案的评价之中。随着评价技术和理念的发展，其应用范围也愈加广泛，旨在为课程方案的改进提供认识和理解依据，并明确课程方案与变化着的条件之间的关系，使评价研究结果适用于不同的情境和问题域。该模式的主要特点为采用系统分析方法研究所有可能影响教育效果的因素（心理、社会、环境）及其内在关系，以及教育方面的种种变量，以便根据条件的变化及时变革课程方案。在高校思想政治教育工作质量评价中，该模式的应用目标在于发现高校思想政治教育工作中存在的问题，通过问题诊断将结果呈现给相关决策者，以提高思想政治教育工作决策的科学性。

第三节　评价方法

高校思想政治教育工作范畴广泛，评价要素复杂，评价主体多元，在实际质量评价工作中，其模式的选择呈现出综合性、复杂性的特征，依据评价主体和评价目标的不同，评价模式的选择也不尽相同。虽然任何评价工作，其原理、目标、模式都存在着区别，但在具体实践过程中，我们发现，最基本的方法选择其实具有共通性，是根据评价的活动、评价的目的、评价性质灵活组成的，如表7-3所示。

表7-3　高校思想政治教育工作质量评价体系及要素

评价体系	要素		
活动	问题、认定、方案、评估、决策	计划、组织、实施、监督、评估	成果、影响、评估、后续
评价性质	诊断性评价 （需求评估）	形成性评价 （过程评估）	终结性评价 （影响评估）
主要方法	理性策略	行为规范	对比实效
评价主体	高校 行政部门 专家	督导部门 高校 第三方	政府 督导部门 第三方 利益相关方 社会公众 学生
评估准则 （实效性、 可行性、 适度性和 正确性）	适应性 科学性 合法性 可行性	合规性 公平性 科学性 可行性 有效度	效果 效益 影响 满意度

续表

评价体系	要素		
活动	问题、认定、方案、评估、决策	计划、组织、实施、监督、评估	成果、影响、评估、后续
评估模式	因果推断模式	目标行为模式	绩效模式
评价典型方法	文本分析法 访谈法	访谈法 观察法 档案袋评价法	调查法 量化评价技术

一、访谈法

访谈，就是研究性交谈，是以口头形式，根据被询问者的回答搜集客观的、不带偏见的事实材料，以准确地说明样本所要代表的总体的一种方式。根据不同的标准可将其划分为不同的种类，如表 7-4 所示。

表 7-4 访谈法分类及内容

分类	内容重点
重点访谈	根据事先确定的题目和假设，就某个方面的问题进行有针对性的访谈，关键在于对重点问题的把握
深度访谈	为了取得某种特定行为及行为动机的主观材料所做的访谈，经常用于对特殊人群的个案调查中
座谈会	是将若干访谈对象召集在一起同时进行访谈，须注意以下原则：座谈会的参加人员要有代表性，应要求到会者有必要的能力和修养并熟悉访谈内容；参加座谈会的人数不宜超过 10 人；须提前准备；应采用讨论式，允许参加座谈的人发表不同的看法
电话访谈	是访谈者通过电话向被访者就某一问题进行交谈，搜集资料的调查方法

在高校思想政治教育工作质量评价中访谈法得到了较多运用，其形式主要体现为深度访谈和座谈会相结合。教育部指出，大学生思想政治教育要注重时效性和针对性，也就是教育是否准确作用于学生，是否符合其身心发展规律，带给大学生何种亲身感受，引起他们什么样的行为的变化等，可以通过行为数据反映出来，但更多地需要用访谈的方法来探究行为背后的主体感受及成因。例如，专家入校后通常进行的"访谈教学单位及管理部门、学生"就采用了深度访谈法，如访谈学校领导、中层领导，可深入了解学校的办学思想、办学特色、教育教学改革、人才培养模式改革等问题；访谈教师、学术带头人，可了解专业教师素养、教师专业发展举措、教学质量、职业技能等；组织相关学生进行座谈，能够获得学生对于思想政治教育工作质量的质性评价。除专家入校访谈外，校内管理者也

可通过多样化的访谈活动，扩充思想政治教育模式，提升教育效果。又如，近年来山东农业大学广泛调研学生思想动态，累计开展"优秀学子访谈""职场人生访谈""优秀毕业生访谈""启益人生访谈"等系列访谈活动六十余场，涵盖学业规划、职业发展、就业创业、心理健康教育、学生干部培训等活动主题。活动结束后，通过参与学生的访谈资料可获得学生群体对该类型教育模式的满意度和改进需求，极大提升了该校思想政治教育工作质量。同时，在微观的思想政治教育课堂中，也可运用访谈教学法与学生进行思想沟通，传授理论知识，帮助学生形成正确认识。再如，安徽农业大学自 2001 年开始尝试将访谈法教学运用于思政课堂。经过不断探索，如今已经逐步形成访前准备、主题确立、访谈实施和访谈延伸四个环节的访谈法教学新模式，使该校的思想政治理论课更贴近学生实际生活。

简言之，访谈法方便可行，不需要借助过多的外部辅助设备，通过引导、深入交谈，便可获得较有效的一线资料。但访谈法受访问者与被访者双方主观因素影响较大，如专家入校访谈中，教师和学生因与专家不熟悉或者是受到学校管理人员影响，在回答问题时就会有所保留，工作人员在访谈过程中的态度和技巧等都直接影响了访谈的质量等。在实际应用中可从被评估对象选取、访谈人员培训、访谈资料分析三个环节加强培训工作，提升评价公正性。

二、观察法

观察法是指研究者根据一定的研究目的、研究提纲或观察表，用自己的感官和辅助工具去直接观察被研究对象，从而获得资料的一种方法。科学的观察具有目的性和计划性、系统性和可重复性。常见的观察方法有核对清单法、级别量表法、记叙性描述。观察一般利用眼睛、耳朵等感觉器官去感知观察对象。由于人的感觉器官具有一定的局限性，观察者往往要借助各种现代化的仪器和手段，如照相机、录音机、录像机等来辅助观察。根据不同的观察目的、内容、手段和方式可将观察法进行细致的分类，如图 7-2 所示。

观察法作为应用范围较广的质量评价方法，具有其突出优势。首先，观察法在搜集非语言行为资料方面明显优于其他的方法，尤其可结合访谈法获得尽可能多的相关信息。例如，通过对学校师生精神状态、身体姿势、衣着与神态等方面的观察，可了解到师生日常的真实状态，从而反映出学校校风情况。其次，观察法发生的条件限制并不严格，伸缩性较大，能够有充裕的机会与被观察对象接触。当评价开始的时候就是观察开始的时候，利用评价者本身就可以完成观察与评价。再次，非控制条件下的观察，能够保证被观察者不易出现行为上的失常，事件发生的情境就较为自然真实。最后，观察法在大量观察资料和观察实践的基础上，可总结规律，进而发现事物发展倾向。又如，对校风校园文化的长久观察，可了解到学生在特定环境之下做出选择的倾向性。同时，该方法亦有其不足之处。其一，大多数观察的环境是难以控制的，评价者进入观察场域中并不是每次都能获得自己想要得到的资料或是观察到典型事件。其二，观察中只有较少的指标可用数量表示，大量的观察资料难以数量化和分析。同时，由于观察者注意力的限制，每次观察可获得的有效指标较少，大多数的观察资料只能呈现场景的描述，对于评价工作的支撑度较差。其三，观察受时间限制较大。一般而言，时间越长的观察更有利于观察者进入观察环境，接触到真实的观察事件。短时间内的观察，有可能观察会"失真"。

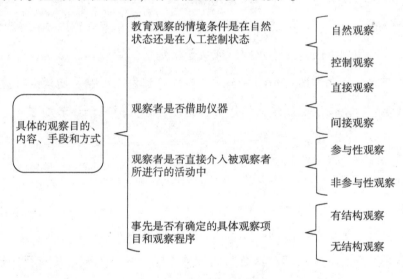

图7-2　观察法分类及标准

总之，观察法可应用范围广泛，在质量评价中具有突出性优势，虽存在一定的方法缺陷，但仍是目前最为重要的评价方法之一。为规避其自身缺陷，可从以下四个方面着手改进：首先，根据评价的目标设定，选用结构性的观察方法，提前建立观察评价量表。例如，对高校思想政治理论课程效果的评价，可先围绕学生学习过程与方法、学习能力、学习态度与情感等方面设计评价量表，在课堂中实施有计划的观察，规避无效信息。其次，可借用录像设备对一段时间内的课堂进行观察，确保观察时长，以使信息更加准确、真实。再次，可针对典型的个案进行研究。在评价观察的过程中发现典型个案，应对此进行持续深入的观察，了解被观察者的信息追踪行为背后的原因。最后，评价中须重视教师和学生主体的观察，二者作为教育活动的直接参与者，对思想政治教育工作质量最有发言权，注重发动教师和学生进行观察，并保留观察资料以更全面地反映高校思想政治教育工作质量全貌。

三、档案袋评价法

档案袋（Portfolio）评价法是20世纪80年代起源于美国评价领域的一种有影响的质性评定方法。对其内涵，目前较一致的看法是：档案袋是由学生自己、教师及同伴收集并做出评论的相关材料，以此来评价学生在能力发展上的进步情况。档案袋评价的突出意义在于它为学生提供了一个学习机会，使学生能够学会判断自己的进步，在自我评价过程中激发学生积极性。在档案袋评价中，学生是选择档案袋内容的一个决策者甚至是主要决策者，从而拥有了判断自己学习质量和进步的机会。档案袋评价基于观念的转变，即对学生成就的评价是对其进步的连续考查，而不是对掌握内容范围的阶段性审计。

高校思想政治教育工作致力于大学生的人格培育、德行养成、精神成长，因无法用技术手段和精确的工具测量学生在人格、德行、精神等方面的成长程度，因此，在一定程度上而言，其质量评价是"不可具象化"的，档案袋评价法契合高校思想政治教育工作的特性，在实践应用中具有明显的优势。首先，档案袋评价内容比较丰富。档案袋评价持续、动态记录学生道德生成过程中努力程度、情感态度、价值观念和实践能力等全方位的发展轨迹，真实反映道德发展状况。其次，评价主体多元。档案袋评价强调学生的主体地位，重视多元评价。各评价主体立足不同维度，从整体上近似真实地描述学生道德成长轨迹，形成以学生自评为主，教师、同伴共同参与的综合性、多元评价体系。再次，评价方式多样。档案袋评价侧重平时表现和综合素质考核，评价方法灵活多样。通过真实记录、自我反思、倾听交流等形式实现自评与他评、定性评价与定量评价的结合。最后，评价过程开放。档案袋评价既关注结果，更重视学生自主发展过程，不仅根据大学生的行为表现评定为不同等级，还纵向追踪他们的道德成长过程，捕捉生活情境中的真实表现、努力程度、道德冲突、内省反思等信息表征因子，是一种发展性评价。同时，档案袋评价法也具有一定不足。例如，由于档案袋记录的动态性、资料的多元性造成工作量大，评价参与者负担过重；基于档案袋评价内容的多元性和教师对档案袋管理的有限性两方面影响，使得档案袋的内容与评价目标契合程度较差，影响着评价的效度等。总之，与其他评价方法一样，档案袋评价法不是一剂"万能良药"，在应用过程中也存在着一些潜在局限性，须在实际应用中加以关注。

目前部分高校通过网络技术构建了自身具有特色的档案资源体系，成为学生评价的重要素材。主要是包括以下三种：其一，诚信档案，或学生德育评价，操行评语等。具体内容包括：一是学生个人基本情况信息表。二是学习诚信评价。主要反映大学生在校期间上课、考试、学术研究、图书资料借阅等学习实践活动中相关情况的诚信评价。主要记录奖学金获得情况，毕业论文有无抄袭剽窃行为，有无考试违纪作弊、作业抄袭、伪造社会实践经历、无故旷课及处分情况。三是经济生活诚信评价。四是择业诚信评价。此外，也记录大学生参加公益活动情况及获奖等情况。诚信档案建立的过程也是大学生进行潜移默化自我教育的过程。其二，学生社团档案。学生社团档案是学生在校期间社团活动以及各种社会实践活动的真实情况记录，是学生社团发展、社团联合会开展工作、各大高校调整管理模式的第一手资料，同时也是社会用人部门、企业选拔人才、聘用人才的重要依据。学生社团作为高校进行思想政治教育的重要主体之一，社团档案在一定程度上丰富了思想政治教育素材。其三，学生心理档案。高校学生心理档案是使用科学与适应性较强的心理测试量表，通过问卷、谈话、咨询等各种方式来客观、综合地记录每个学生的个性心理特征和心理健康状况的资料集，是大学生心理活动、发展、变化状况的记录，对于高校学生的心理健康具有重要的作用及指导意义。高校学生心理档案的建立和收集有助于及时掌握学生的心理状态，以便更有针对性地开展思想政治教育工作。学生档案体系的建立，是档案袋评价法在高校思想政治教育工作质量评价中的典型应用。互联网技术的发展使档案袋评价法的应用载体转变为数据中心或学生行为分析中心，应用范围突破了原有的"记录"，更好地起到了预测干预的功效。

四、问卷调查法

问卷调查是指通过制定详细周密的问卷，要求被调查者据此进行回答以收集资料的方法。所谓问卷是一组与研究目标有关的问题，或者说是一份为进行调查而编制的问题表格，又称调查表。它是人们在社会调查研究活动中用来收集资料的一种常用工具，调研人员借助这一工具对社会活动过程进行准确、具体的测定，并应用社会学统计方法进行量的描述和分析，获取所需要的调查资料。

　　问卷调查法作为应用广泛的质量评价方法，其优点主要有以下四个方面：首先，问卷调查法节省时间、经费和人力。尤其在网络调查问卷兴起后，通过网络链接推送、挂网调查的方式极大节省了问卷调查的整体时间和人力、经费的投入，也方便了被调查者能够利用碎片化的时间完成调查，从一定程度上提高了问卷的回收率。其次，问卷调查结果容易量化。从问卷调查本质上来说，其是一种结构化的调查，调查问题的表达形式、提问的顺序、答案的方式方法都有固定的表述，不受调查人员的主观影响。调查的统计结果一般都能够被量化处理，形成数据举证报告。再次，问卷调查法可以进行大规模的调查并且可以做长时间追踪调查。研究人员无论是否参与调查，都可以从问卷结果中了解被访人的基本信息和相关回答，并且可用作长时间的追踪调查。最后，由于问卷调查应用范围较广，容易形成数据库，并且能够有常模参照，这样更有利于学校对某些问题进行全国甚至是更大范围的比较。

　　问卷调查法较快捷便利，其收集结果易统计分析，但是调查法有着不可避免的缺陷：①缺乏弹性。大部分的调查问卷均由问卷设计者预先设计好，包括问题的呈现、答案的排序等，这样使得被调查者回答较为受限，可能会遗漏一些更多细致、深层的信息。对于复杂的问题，如学生思想道德水平、重要影响事件的原因探索等问题可能难以得出准确的信息。②回收率及有效率较低。在问卷调查中，问卷的回收率和有效率须达到一定的比例才能够让调查资料具有代表性。如果通过邮寄问卷的方式，回收率往往偏低，对样本造成很大的影响。在实践中，高校发放调查问卷时，如果不加以外部控制，如辅导员组织学生填写、挂网必答等，回收率往往也难以得到有效保证。问卷设计工作具有复杂性：相比较于访谈法、观察法等方法，问卷调查法受调查人员的影响较少，但其受问卷设计者影响较大。调查法成功与否很大程度上取决于设计环节，如问卷的信效度、题目设计、问题表述等多个方面都决定了收集的资料是否有用。

参考文献

［1］陈一鸣，周杰. 关于高校思想政治工作贯穿教育教学全过程的几点思考［J］. 国际公关，2020(12)：332－333.

［2］刘琴. 新时代高校思想政治教育工作现状及对策［J］. 文化创新比较研究，2020，4(3)：187－188.

［3］王群. 以人为本理念在高校思想政治教育教学工作中的作用分析［J］. 宿州教育学院学报，2014，17(1)：59－60.

［4］奚芳. 新时代高校思想政治教育工作的创新研究［J］. 大众文艺，2023(5)：145－147.

［5］朱叶，吴宏刚，郑雅馨. "以人为本"理念在高校思想政治教育工作中的应用［J］. 中国军转民，2022(18)：69－71.

［6］宁先圣. 高校思想政治教育工作融合发展的系统分析［J］. 思想政治教育研究，2021，37(3)：114－119.

［7］周锋. 加强高校思想政治工作队伍建设的措施与成效［J］. 教育现代化，2019，6(15)：146－148.

［8］邹晓青. 新时期高校思想政治教育的目标定位及路径重构［J］. 现代教育科学，2016(10)：41－45.

［9］菅敏. 新时期高校教育工作——高校思想政治教育专业的教学创新探析［J］. 价值工程，2012，31(10)：198.

［10］游龙生，游宇婷，陈小红. 新时代高校思想政治教育体系建设［J］. 食品研究与开

发，2022，43（23）：237.

[11] 苏姜燕．"三全育人"机制在高校思想政治教育工作中的应用[J]．秦智，2022（12）：133－135.

[12] 赵颖．新时代高校思想政治教育教学创新与实践[J]．食品研究与开发，2022，43（15）：239－240.

[13] 韩振峰．新时代高校思想政治教育及思想政治理论课教学研究[M]．北京：中央编译出版社，2021.

[14] 官桂香，陈昊楠，李婷婷．互联网背景下高校思想政治教育工作研究[M]．北京：中国文史出版社，2018.

[15] 吴潜涛．思想政治教育教学与研究[M]．北京：中国人民大学出版社，2018.

[16] 黄山．"形势与政策"教育教学理论与实践研究[M]．北京：中国文史出版社，2018.

[17] 刘华卿，尹力，宋勇．融媒体环境下高校思想政治教育教学资源建设与共享[J]．邢台学院学报，2022，37（2）：132－137.

[18] 林永明．高校思想政治教育理论与实践相结合的教学设计探索[J]．食品研究与开发，2021，42（24）：239.

[19] 李雪峰．高校思想政治教育教学实践[J]．食品研究与开发，2021，42（21）：242.

[20] 王玉婷，王凡．新时代立德树人视域下高校思想政治教育教学[J]．大陆桥视野，2021（4）：113－114.